40歳からでもシンデレラになれる！

いくつになっても女性は輝けるし、何歳からスタートしたっていい！

——これは私の経験からも言えることです。
普通の主婦だった私に転機が訪れたのは、46歳の時でした。

アラフォー・アラフィフの女性が、
もう一度輝くために――。
知恵と工夫で自分の美を作り出す、
それが「シンデレラ・エイジング」なのです。

「シンデレラ・エイジング」7つの奥義

これらを総合して
日常生活を
マネジメント
していくことが、
将来の健康と
美を作ります。

1 食生活
2 運動
3 睡眠
4 病気の基礎知識
5 ファッション
6 ヘア、メイク
7 マインド

自分の人生を
自分でデザインしていく
力を持っている人は、
いつまでも若々しいし、
年を取りません。

シンデレラ・エイジングの理念「5つの美の黄金律」

シンデレラ・エイジングを
着実に達成するためには
「ベース」となる理念があります。
それは、5年後、10年後、
「どういう自分でありたいか」を
考えることから始まります。

1 「美の戦略」を立てる
2 「美のイノベーション」を恐れない
3 プロにアドバイスしてもらおう
4 「キレイ色」を取り入れる
5 基本的な病気の知識を持とう

私の夢は、沖縄から日本を再建すること

いくつになっても
「未来の自分が
どうありたいか」を描き、
それに向かって
「今すべきこと」を
計画的に
実行していきたいと
思います。

大人のキレイのつくりかた

40歳からの美人メソッド

Cinderella Aging

アンチエイジングアドバイザー
上原由佳利 著

医師
上原正照 監修

現代書林

はじめに

「あの頃の輝き」をもう一度
～シンデレラ・エイジング～

みなさんこんにちは、美の伝道師・アンチエイジングアドバイザーの「ゆかりん」こと、上原由佳利です。

突然ですが、あなたのまわりにこんな人がいないでしょうか？

（次のページを見てみましょう）

・若い時はハッとするほどの美人だったのに、40代以降に急に老け込んでしまった人
・更年期になって、キレイでいることをあきらめてしまったかのように見える人
・昔は美のオーラが出ていたのに、年齢とともにそれが失われ、雰囲気まで変わってしまった人
・同窓会で「誰？」と言われるほど、若い頃と風貌が変わってしまった人

女性は年齢とともに「キレイ」が減っていってしまい、若い頃の輝きを保ち続けることは難しい……、みなさん、そんな思い込みがあるのではないでしょうか。

でも逆にこんな人もいます。

・若い時は「普通」だったのに、年齢とともに美を増していく人
・同窓会で「この人、こんなにキレイだったかしら？」と驚かれる人
・いくつになっても人を惹きつける色香を保ち続けている人

誰でも年齢とともに、「加齢変化」は訪れます。シミ、シワや体形の変化、あるいは健康上の諸症状など……。

こうした変化に対して、抵抗したり、あきらめたりするのでは、その先の人生はつらくなるばかりではないでしょうか。

女性の老化の分岐点は「40歳」といわれます。

というのも40歳前後から女性ホルモンが減少し始めて、徐々に閉経に向かい始めるからです。同時に更年期の諸症状が出たり、シミ・シワ、たるみ、白髪といった老化現象も起こってきます。

でも今、日本人の女性の平均寿命は87歳です。そうすると単純に考えても、分岐点から40年以上あるわけです。

40歳を「折り返し地点」と考えれば、人生の後半戦はまだスタートしたばかり。

それを考えたら「40歳から先はおばさん」「老ける一方」なんていう人生では淋しすぎますよね。

「あの頃の輝き」を取り戻すために

40歳からの人生で、もう1回転、健康で、美しく生きていきませんか？

そのためには「知恵と工夫」が必要です。

それこそが私の提唱する「シンデレラ・エイジング」なのです。

「シンデレラ・エイジング」は単なる「アンチエイジング」とは違います。無理に若く見せたり、若い人と張り合おうということではありません。

年齢とともに訪れる加齢現象に対して柔軟性をもって受け入れ、かつ先手を打つということです。それによって年齢を魅力に変えて、エレガントに年を重ねていこうという提案です。

若い頃とは顔の形も、肌も髪も、そして体型も変わってくるけれど、ではその時に、どんなメイク、髪型が似合うのか。どんなファッションが自分をキレイに見せてくれるのか――。

それを考えて、**その年代ならではの「美」をクリエイトしていく**のです。

それはテレビや雑誌に出ている美魔女を形だけマネしてみるとか、やみくもに若作りをするとかではありません。

ちゃんとした戦略に基づいて着実に実践することが必要です。そしてそこには、メディカルな要素、メディカルな裏付けが不可欠なのです。

本書が他のアンチエイジング関連の本と違うとしたら、この部分だと思っています。

女性も中高年を過ぎれば、「女のプロフェッショナル」に近づいているはず。

どう見せれば一番キレイに見せることができるか、**自分で自分をプロデュースするべきなのです。**

そう、「シンデレラ・エイジング」はまさにクリエイション。

自分で自分の美を作り出すのです。

本物の美は、努力なしでは保てません。外側と内側、両面からの努力の結晶として現れると思っています。

若い頃は目鼻立ちとかスタイルの良さとか、生まれつきの部分がモノをいったけれど、中高年からは顔もスタイルも自分でクリエイトしていけるのです。であれば、オトナ女子には誰でも「キレイ」の等しいチャンスが与えられているのです！

努力といっても、時間もお金もかかりません。毎日のちょっとした習慣の積み重ねとコツでできるものばかり。

さあ、シンデレラ・エイジングの扉を開きましょう！

2018年1月

開邦研究所所長
美の伝道師・アンチエイジングアドバイザー

上原由佳利

目次

PART 2

「キレイの魔法」を自分にかけるメイク&スキンケア

PART 3

あの頃の輝きを取り戻すシンデレラ・ファッション

PART 4

健康は「若さと美」の原点！

PART

5

細胞をよみがえらせるアンチエイジング食

コラム・ゆかりんビューティートーク

プロローグ

誰でも、
何歳からでも輝ける
「シンデレラ・エイジング」

何歳からだってキラキラ輝くことができる!

「もうトシだから」

「私はおばさんだから」

ついつい、こうした言葉を口にしていませんか?

この言葉には若さや美どころか、人生そのものをあきらめてしまっているようなネガティブな響きがあります。

人生の中間地点でそんなことを言って、いろんなことをあきらめてしまうなんて、もったいなさすぎます。


いくつになっても女性は輝けるし、何歳からスタートしたっていい!


これは私の経験からも言えることです。

私は、20代、30代と、ずっと子育てをしながら家庭中心の生活を送ってきました。P

23で述べていますが、沖縄には伝統的な門中という文化があり、それをこなすことで精いっぱいの日々でした。ハードワークで体を壊したこともあります。

転機が訪れたのは46歳の時でした。

夫である上原正照が院長を務める開邦クリニックの経営に参画することになったのです。クリニックも組織である以上、「経営」が必要なわけです。事業計画を立てたり、資金繰り、人事、会計業務、銀行との折衝、医療機器や建物の管理その他、その業務は本当に多岐にわたります。

それまで経営は、夫である院長が兼務していたのですが、完全にオーバーワークになってしまっていました。そうでなくても院長は研究者肌で、医療に没頭したいタイプです。でも通ってくれる患者さんはもちろん、うちに勤めてくれている看護師やスタッフのことを考えると、まさかクリニックを閉鎖するわけにもいきません。

「経営は私がやるから、院長は医療に専念してください」

オーバーワークの夫を見かねた私は、そう宣言してしまいました。

それまでも、なにかあった時は手伝っていたのですが、「手伝う」程度のことではなく、覚悟を決めて本腰を入れることにしました。

とはいえ、私も経営など本格的に携わったこともなければ、学んだこともありません。

それで必死に勉強しました。セミナーを受講したり、経営者の会に参加して他の経営者の方と交流したり。本も読みました。医療関係のみならず、経営書、経済情報、法規、哲学、世界情勢、国内政治、歴史書ｅｔｃ……。

まずは組織の立て直しから始め、人材育成に力を入れました。地元のライオンズクラブの役員を務めていたので、目上の人との接し方はそこで学んだことが役に立ちました。

私ならではの視点としては、「患者さん目線」ということを考えました。クリニックでは受付をして検査、診察、処置という医療動線があります。この流れを「患者さん目線」から見て、受診しやすいかどうか、見直しました。一部流れが悪いところもあったので、スムーズにいくようにどんどん改革。

理念の創設、組織の立て直し、プロフェッショナルを目指すための「凡事徹底」を実行しました。新しい情報や仕組みの刷新は、必ず全員に共有するという体制を作りました。

これらは私が医療の当事者ではなく、「外からの目」を持っていたことがかえって良かったのかもしれません。

少しずつ経営が軌道に乗って行くと、クリニックの診療に「アンチエイジング」を取り入れたいと思うようになりました。のちに述べますが、私は若い頃に体を壊した経験から、**「健康でなければ、若さも美も成り立たない」**ということを痛感していたからです。

さらに、2012年から開邦研究所を開設。「健康が若さと美の原点」の理念を掲げ、院長監修のもと、医療をベースとしたアンチエイジング情報を提供しています。

具体的には栄養士による食事指導、院長推薦のメディカルケア、長寿フーズ、サプリメント、ドクターズコスメの提供を行っています。

また、ブログ「ビューティフルカフェ」でも、アンチエイジングやビューティにかかわる情報を発信しています。

◎何歳からでもシンデレラになれる！

こうして経営に参画し、イノベーションし続けたところ、なんと1年目からすぐに数字に表れました。

患者さん数が増加し、売り上げも急増したのです。院長は最初こそ、ハラハラしていたと思いますが（笑）、数字に表れたことでわかってくれた様子でした。

その後も成長は続き、10年間で売り上げは4倍増となり、患者さん数も4倍です。利益率も非常に高く、優良企業として税理士さんにもおほめいただいています。

2013年からは地元のラジオ番組「ゆんたくシーサー radio」のプロデュースを始め、自らも出演。中高年に希望を宿していただくことで、日本再建を目指しています。

仕事やラジオを始めてからは、とても忙しくなりましたが、その中で時間と闘いながら健康であろうと努力し、スキンケア・ヘアケア、ファッションにも気を使い、病気の知識についてもいろいろ勉強してきました。

自分で言うのもおかしいかもしれませんが、現在の方が30代、40代の時よりも健康で、体力もつき、毎日をイキイキ過ごすことができているように思います。

「ゆんたくシーサー radio」に出演している様子

最近では美容や健康について人前でお話をする機会も増えたのですが、「32歳の息子がいる」と言うと、みなさん、すごくビックリしてくださいます。さらに「30年以上、体形が変わっていない」と言うと、「エーッ!」という驚きの声が上がります。

若く見えるとしたらとてもありがたいことで、これぞシンデレラ・エイジングの結果だと思います。

ゆかりんビューティートーク 1

体を壊して初めてわかったこと

私は20代、30代で、体を壊した経験があります。結婚して広島から沖縄に来たのですが、私は「嫁」として、初めての地で、沖縄の伝統的な行事を一手に引き受けなくてはなりませんでした。

毎月のようにさまざまな行事があって、そのたびに伝統料理を作ってお客様をもてなす。その単位も１００人規模です。

慣れない土地で生まればかりの子どもをおんぶしながら、必死でそれをこなすうちに、過労とストレスが溜って、ダウンすること数度。股関節亜脱臼したこともあるし、腰痛ヘルニアになって入院したこともありました。それはもう激痛で……、大変でした。

この時、つくづく自分の健康は自分で守らないといけない、病気になってからでは遅いのだということを痛感したのです。

これはもう、これからの時代は誰にでもいえることだと思います。一人暮らしの人も増えているし、寿命が延びる中で、健康のことは「人任せ」には決してできません。

私は毎日、院長の行う診察の様子をそばで見聞きしています。

「運動していますか？」

「していません」

「また体重が増えていますね。油物は控えてくださいよ。昨日は何を食べましたか？」

「天ぷらです」

院長と生活習慣病の患者さんの会話です。これがもう本当にみなさん、揃ってこんな調子なのです。

日々の生活習慣の累積が病気という結果を呼んでいるのに、危機感がなくて、節制という意識が薄いのです。沖縄という、のんびりした風土も関係あるのかもしれません。

健康は、日々の積み重ね。長期的視野で、しっかりしたビジョンを持って、仕事と同じように、いやそれ以上の熱意でマネジメントしてほしいと、心から願います

◎私が「美の伝道師」を名乗る理由

老化の分岐点、40歳からでもシンデレラになれる！

それをお伝えしたくて、自ら、「美の伝道師」を名乗り、ラジオやブログを通じてみなさんに情報を発信することにしました。

アンチエイジング情報を発信する上において、私が中年太りをしたおばさんだったら、誰にも聞いてもらえませんよね。私自身がみなさんから「中高年になってもなお輝いている女性」「いい年の取り方をしている女性」と思ってもらえなければ、説得力がありません。

私が幸運だったのは、医師である夫のアドバイスを直にもらえるということです。疑問に思ったことや、悩んでいることを院長先生に教えてもらいながら、それを自分の経験に落とし込むことで「シンデレラ・エイジング」を確立していきました。

私が自信を持っているのは、「シンデレラ・エイジング」は誰にでもできる、ということ。

私だって元は普通の主婦でした。その私ができたのだから、みなさんにも必ずできます。

シンデレラ・エイジングなら誰でも、何歳からでも輝けるんです！

PART

1

美の伝道師・ゆかりんの「美の黄金律」

何歳になっても輝き続ける「シンデレラ・エイジング」7つの奥義

シンデレラ・エイジングは、メイクやファッションなど、「外見」だけのものではありません。**運動、バランスの取れた食事、休養、睡眠なども大事な要素**と考えます。

これに加えて**「心の健康」も重要**です。ストレスをどう解消するかというストレス・マネジメントや、文化や教養に触れて「心」に栄養を与えることも、年齢とともに美を増やすために大事なことです。

さらに、社会の発展に貢献し、生涯現役を目指すということも若さを保つ上で必要だと思っています。

自分の人生を自分でデザインしていく力を持っている人は、いつまでも若々しいし、年を取りません。

シンデレラ・エイジングとはこうしたことの総合力なのです。

項目立てすると次のようになります。

「シンデレラ・エイジング」７つの奥義

1. 食生活
2. 運動
3. 睡眠
4. 病気の基礎知識
5. ファッション
6. ヘア、メイク
7. マインド

これらを総合して日常生活をマネジメントしていくことが、将来の健康と美を作るのです。特別なことをするのではなく、**日常生活の中でコツコツ行うこと**がポイントです。

本書ではこの7つを元にお話をしていきますが、これらを着実に達成するための「ベース」となる理念があります。それがP30～37でご紹介する**「5つの美の黄金律」**です。

「シンデレラ・エイジング」の理念、「5つの美の黄金律」

ゆかりんの美の黄金律

①「美の戦略」を立てる

あなたは5年後、10年後、どういう自分でありたいですか？

シンデレラ・エイジングは**「未来にどういう自分でありたいか」**という**「美の戦略」を立てること**から始まります。

仕事や人生の成功のため、戦略的に計画を立てる人は結構いらっしゃいますが、アンチエイジングのために計画を立てるというのはあまり聞いたことはありませんよね。仕事の事業計画を立てるように、いかに美しく生きていくかという設計図を描きましょう。

5キロダイエットして、美ボディを目指す、ヘアケアをしてロングヘアを保つ……。どれも1日ではできないことですよね。即効性を求めると、ちょっとだけやってみたけど

「効果が出ないから続かない」となって挫折してしまいます。
でも5年後、10年後の理想の自分をイメージできれば、「未来の自分」のために「今日の課題」がわかります。
たとえば、筋力のない人は少しずつ筋トレをする、1ヶ月に1キロずつダイエットをするとか。お肌が荒れる、シワが増えたという場合は、食生活から見直すなど。戦略性を持って日常生活をマネジメントするのです。

中高年からの美と健康は、努力して創造していくものです。

目標が、あなたの人生を変えていきます！

ゆかりんの美の黄金律

②「美のイノベーション」を恐れない

中高年になると、どうしても守りに入ってしまい、「同じスタイル、同じファッション、同じメイク」になりがちです。

よくあるのが若い頃に流行ったメイクやファッションのままでいる人。その時代にはそのスタイルがとても似合って、まわりにもほめられたのだと思います。

でもその頃には似合っていたかもしれないけれど、やはり年齢とともに、体型も肌も変化してきているもの。そうしたら昔のスタイルは必ずしも似合うわけではありません。

またアラフォー世代になると、流行に疎くなるということもあります。流行遅れのメイクやファッションでは、キレイは保てません。

思い切って、**ブランド、ケアの方法、ファッションなどを見直して「イノベーション（改革）」する勇気を持ちましょう！**

中高年になると新しいものに挑戦するのはいささか勇気がいるものですが、思い切ってチャレンジしてみましょう。**ちょっと冒険してみることが、年齢とともに美しさを増すためには不可欠**なことだと思います。

それに今はコスメも本当に進化しています。まさに日進月歩の技術革新です。うちで提供している化粧品も本当にすごいですよ。こういう最新技術の恩恵を逃がすなんてもったいないです。

イノベーションをしてみると、そこには新鮮な驚きと発見があります。それはあなたの想定外な美しさをクリエイトしてくれるはずです！

ゆかりんの美の黄金律

③ プロにアドバイスしてもらおう

オトナ女子は、積極的にプロの手を借りることが重要だと思います。

若い時は自分で雑誌を読んだり、友達と情報交換をしてトレンドを知ることができたけれど、中高年になるとそんな時間さえ持てないですよね。

今までのメイクやファッションが似合わなくなった時、自分に似合うものを探り当ててチェンジしていく必要があります。

その時に頼りになるのが、プロのアドバイスです。

美容師さん、ショップの店員さん、エステティシャン、コスメカウンターのビューティーアドバイザーさんなど。

こうした人たちに「今の自分」に似合うものを提案してもらいましょう。餅は餅屋、美のプロフェッショナルのアドバイスはやっぱり違います。

たとえば、洋服でも自分で選んで「これください」と言って買うのではなく、「私に似合うものはどれですか?」というように聞いてみましょう。すると自分では絶対に選ばないようなものをすすめられたりします。でも思い切って試着してみると、意外にも似合ったということもあるわけです。

もちろん、すすめられたものが自分の好みに合わなければ無理に買う必要はありませんが、とにかく一度はプロの意見を聞いてみることが大事だと思います。

メイクもそうです。メイクは多くの人が自己流でなさっていると思いますが、自分では「この口紅の色が似合う」と思っていても、プロから見ると別の色の方が似合うということもあるわけです。

また、中高年がついついやってしまいがちなのが「昔のままのメイク」をし続けてしまうこと。メイクも流行の移り変わりが激しいので油断するとすぐに「古いメイク」になってしまいます。

時々でいいので、デパートのコスメカウンターなどでプロにアドバイスを聞いてみませんか？

最近ではメイクアップサービスなどもあるので、受けてみるのもいいと思います。私自身も自分のメイクについて時々アドバイスしてもらっています。特に眉の描き方がわからなかったのですが、教えてもらったらうまく描けるようになりました。

ゆかりんの美の黄金律

④「キレイ色」を取り入れる

女性である以上、いくつになっても華やかさを失わずにいたいもの。そのために「色」はとても大事なツールとなります。

でも年齢とともに、ダークな色、モノトーンなどを選びがちになります。

黒や紺って、必ずしも中高年に似合う色ではないのです。私が黒のワンピースを着ていて、息子に「似合わない」とダメ出しされた話をP85でしていますが、黒はオトナ女子には難しい色。若い子が着れば、若さを強烈に引き出す色ですが、中高年が着ると顔色をくすませ、陰影を深く見せてしまうのです。

オトナ女子こそ、明るく、キレイな色を着るべきなんです。

特に私のおすすめはピンクです。ピンクはくすみを飛ばし、顔色を明るく見せる効果があります。またピンクには女性ホルモンを活性化させるという説もあります。ピンク一色の部屋で過ごした女性が若返ったという事例もあるそうですよ。

ほかにも、疲労回復効果、認知症予防効果、精神安定作用など、ピンクの効用は意外にも多いのです。中高年こそ、取り入れてほしい色です。

「でもさすがにピンクの服を着るのは……」という人は、ハンカチなどやスカーフ、バッグなどの小物に取り入れてはどうでしょう。あるいは自宅では人目を気にする必要はありませんから、バスローブやナイトウェア、リネン類をピンクにしてみるといいと思います。

ゆかりんの美の黄金律

⑤ 基本的な病気の知識を持とう

「健康が若さと美の原点」


これは先ほども述べたように、私自身が体を壊した経験から得た「哲学」です。

健康の下支えがなく、表面だけ高級なコスメを塗ったり、華やかな洋服を着ても、本物の美は得られません。

またエイジング対策を行うにしても、医療知識がベースになければ、本当の効果は得られません。

逆に言えば、私の提唱する「シンデレラ・エイジング」を実践すれば、美も手に入るし、健康にもなるんです！

P・Fドラッカーは、「知識が経営資源となる」という言葉を遺していますが、**健康も正しい医療知識がベースにあってこそ成り立ち、未来の健康も戦略的に考え、創造することができる**のです。

そのためにも、中高年がかかりがちな主な病気を知り、予防と対策を知っておきましょう。

病気については後の章でお話します。

ゆかりんビューティートーク 2

「新しいこと」に挑戦することが若さを保つ最大のコツ！

ブランド・イノベーションの話をしましたが、「イノベーション」すべきはブランドだけではありません。

中高年になると環境や人脈といった部分でも、「現状維持」になりがち。そこには安定があるかもしれないけれど、進歩や向上はありません。

何年かおきにでも、新しい世界、新しい人たちと知り合う機会を作るように心がけましょう。そうすることで自分自身も成長できます。

新しい趣味を始めてみたり、セミナーに出かけてみたり、すぐできることはいろいろあると思います。新しい経験をすることで気持ちも若返ります。

安定はしても、安住するな、ですね。

PART

2

「キレイの魔法」を自分にかけるメイク＆スキンケア

オトナ女子の悩みを解決する《スキンケアのレッスン》

◎細胞レベルからお肌をよみがえらせる7つのポイント

肌荒れするようになった、化粧のりが悪くツヤがない、今までの化粧品が合わなくなった……。更年期になると、誰もがこのような変化を経験します。**40歳前後から女性ホルモンが減少するため**です。

これによって皮脂量が減り、お肌が乾燥しやすくなります。するとお肌を守っているバリア機能も低下。肌が荒れたり、刺激に弱いといったことも起こるわけです。

ですからオトナ女子のスキンケアは、「外からの補給」だけを考えていてはダメです。**細胞レベルから、皮膚が甦る力を育てなければなりません。**化粧品による栄養や水分の補給の前のベースの問題です。

そのためには以下の7つのポイントが大事です。

①紫外線を避ける

紫外線のダメージについては改めて言うまでもないと思います。顔の皮膚の老化の８割が紫外線によるものです。シミ、しわ、たるみ、いぼの原因に。

②栄養をしっかり摂る

細胞を作るたんぱく質、お肌を守るビタミン、ミネラルをしっかり摂りましょう。やせようとして極端な食事制限をするとこれらが不足し、キレイな肌が保てません。

③便秘に気をつける

ご経験のある人も多いと思いますが、便秘はにきび、吹き出物の原因になります。食物繊維の摂取などを心がけましょう。「どうしても」という場合のみ便秘薬を。

④適度な運動をする

新陳代謝を良くして、細胞からお肌を活性化させましょう。１日30分以上の運動をすると、血行が良くなって新陳代謝が高まります。

⑤十分な睡眠時間、休息を取る

睡眠不足はテキメンにお肌に出ます。疲れも美肌の敵。知らず知らず疲れが溜っている人もいると思います。思い切って休養を取ることも必要です。

⑥禁煙する

タバコはお肌の天敵。長年喫煙すると、特有のたばこ顔（スモーカーズフェイス）になってしまいます。黒ずんで、シミ・シワが目立つ顔のことです。禁煙についてはP94でお話しします。

⑦減塩食を心がける

アンチエイジングには、血管の健康と血圧コントロールが不可欠。高血圧は、生活習慣病のサインとなります。後ほど病気の基礎知識（P101参照）について述べますが、人は健康でコンディションが良いと感じる時に美しいオーラを放つもの。血管を若くするには、血圧のコントロールを。

◎コスメも「ブランド・イノベーション」を！

オトナ女子はコスメも「決まったブランド」を使い続けて、冒険をしなくなってしまいがち。

でもそれは本当にもったいないことです。今はコスメもどんどん進化していますから、使わないと損。古いものがいけないというわけではないけれど、やはり**最新のテクノロジーが使われているコスメは違います。**アンチエイジングに特化したものは特にすごいです。

そうしたアンチエイジング化粧品は、普通のシリーズに比べると多少お高いかもしれないけれど、そこは価値観の転換も必要ではないでしょうか。若い頃の肌とは違う。**外から**

補わなければならないものが多くなるので、その「力」があるものを使うべきです。

またコスメに多少お金をかけることのできるのも、この年代です。

そうやって時折ブランド・イノベーションをしていくことで、もっとオシャレしよう、もっとキレイになりたい！　というモチベーションもどんどん上がっていくものです。

◎「3分でエステ効果が得られる」化粧水のつけ方

乾燥しがちなオトナ女子の肌に欠かせないのが保湿です。

化粧水をつける時はリンパの流れに沿って塗りましょう。こうするとマッサージをしなくても、自然なマッサージ効果が出ます。何も考えずにパンパンと塗るのと、リンパを流すイメージを持ちながら塗るのとでは全然違います！

「毎日10分間マッサージをしましょう」と言っても、忙しい中高年には続かないんです。でも化粧水を塗る時間を利用して、2～3分でマッサージ効果が得られるならこんないいことはないですよね。P44を参考に、やってみてください。

3分マッサージの仕方

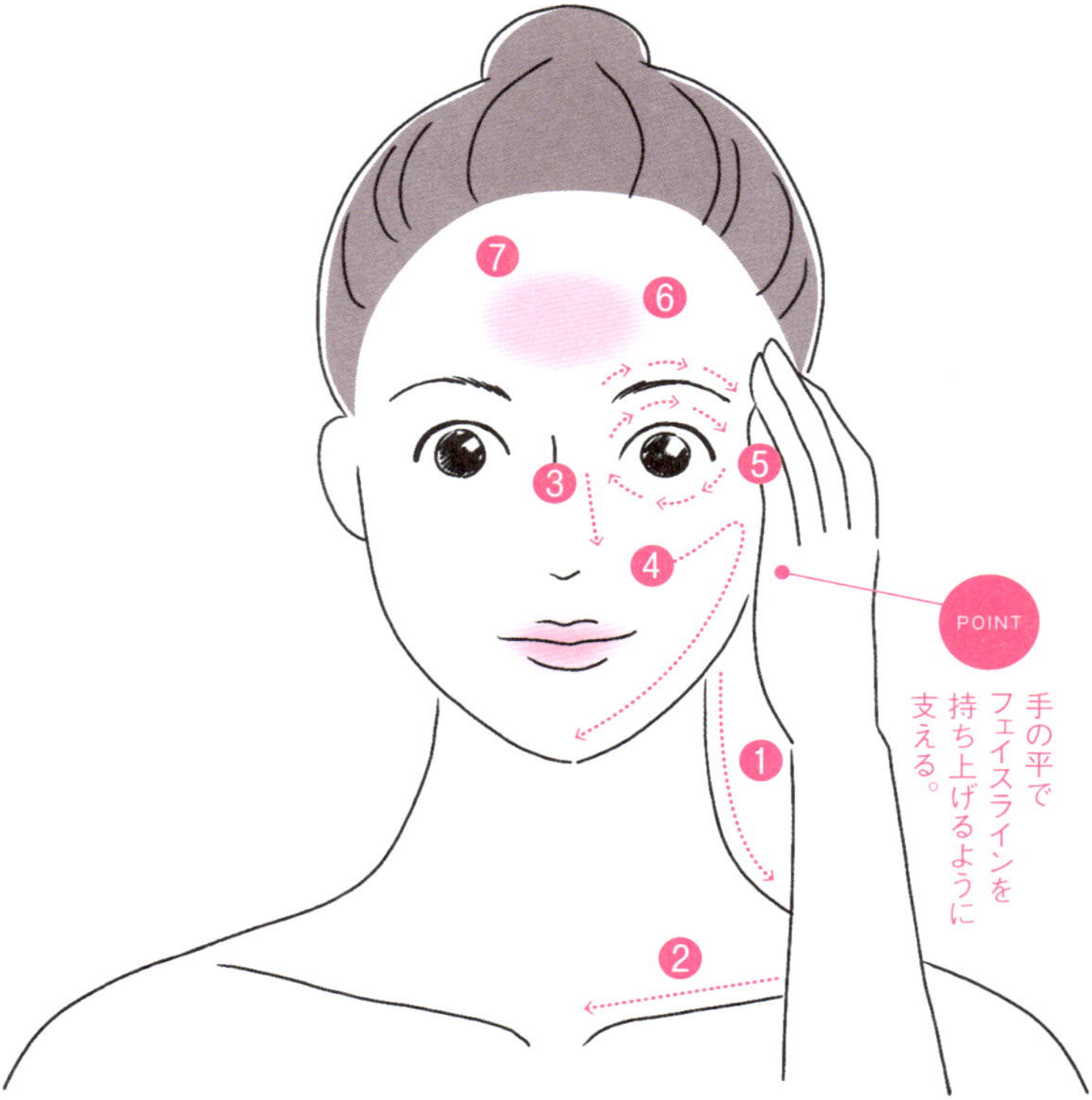
7
6
5
3
4
1
2
POINT
手の平でフェイスラインを持ち上げるように支える。

1. 首すじから鎖骨にかけてリンパを流す
2. 鎖骨をさすり、コリをほぐす
3. 鼻筋から頬、フェイスラインをなぞる
4. ほお骨のまわりをほぐすようにあご下に流す
5. 目のまわりにやさしくトントンと触れる
6. 眉の上を軽くつまみ、コリをほぐす
7. 手のひらでゆっくりともむようにおでこの緊張をほぐす

監修：ビューティーケアリスト　喜久川由美　http://makeup.okinawa/profile/

◎ホットフラッシュによる化粧崩れを抑えるには

更年期になると、ホットフラッシュを経験する人も多いと思います。急にワッと汗が出て来るのはイヤなモノですが、それで化粧崩れをするのも困りますよね。

せっかくのメイクも台無し。ホットフラッシュはいつ起こるかわかりません。あらかじめお化粧が崩れないよう工夫をしておきましょう。

まずファンデーションはパウダーよりリキッドがおすすめ。「塗る」というより、スポンジで叩き込みます。汗で化粧崩れがひどい時は、濡らしたスポンジを使うと効果的です。

最後にフィニッシングパウダーで定着させ、仕上げにミスト状の水分を吹きかけて肌を両手で押さえます。こうするとファンデーションがより吸着し、少々の汗では崩れにくくなります。

マスカラもウォータープルーフのものを使いましょう。さらに上から透明のマスカラコートを重ねると、にじみにくくなります。

アイラインを引く時は、あらかじめまぶたの下や目じりに、仕上げ用のお粉を乗せてサラサラにしておくとにじみ防止になります。私はこれを怠ってパンダになったことも……。

アイシャドウやチークも、粉状より、練ったクリーム状のものが崩れにくいです。

リップメイクはまずリップライナーで輪郭を描いた上で、全体を塗りつぶし、その上から口紅を塗ると密着性が増します。

こうしたテクニックが面倒、という人には、ダンス用のメイク用品を使うという手もあります。ダンス用品販売の「チャコット」が、舞台でも落ちない化粧品としてファンデーションなどを開発しています。悩んでいる人は検討してみてもいいかもしれません。

それからホットフラッシュで汗をかいた後は非常に乾燥しやすくなります。**保湿を心がけましょう。また水分補給（お水を飲む）も大事です。**

◎中高年こそプラセンタの活用を！

私はスキンケア用品、日焼け止め、ファンデーションなどに**プラセンタ配合**のものを使っています。

プラセンタは胎盤のことで、プラセンタを抽出したエキスは、アミノ酸のカタマリ。美容や健康にとてもいい効果をもたらしてくれます。お肌や髪がツヤツヤになる、化粧ののりが良くなる、ニキビが出にくくなる、乾燥肌が改善されるなどなど。

プラセンタには**皮膚の再生能力を高める力があるので、細胞レベルからの美肌が期待できる**んです。

うちではコスメもサプリメントもまずスタッフが自ら試して、ちゃんと効果があったものしか販売しないのですが、プラセンタはみんなが絶賛するので、すぐに採用を決めました。

うちで扱っている化粧品にはプラセンタの入っていないシリーズもあるのですが、一度プラセンタ入りを試すと、どなたもリピーターになりますね。

プラセンタ入りのファンデーションも大人気です。ファンデをつけながらスキンケアができるし、崩れにくいし、それでいて顔のトーンが一段明るくなる。オトナ女子には欠かせないファンデだと思います。

ただ、プラセンタ配合の化粧品といってもいろいろあると思うので、いいものを選んでください。

私は定期的にプラセンタ注射もしています。顔だけでなく、体全体にうるおいやツヤが出ます。沖縄の紫外線は1年中強く、肌が弱い私はすぐ赤くなり、炎症が出やすいのですが、プラセンタ注射をしてからは肌の修復力がアップした感じです。若く見られるのは、プラセンタのおかげかもしれません。

注射に抵抗がある人やクリニックに通う時間がないという人は、プラセンタのサプリメントもあるので、チェックしてみてくださいね。

◎シミ・シワを予防する日焼け止めのつけ方

紫外線は老化を促進してしまうお肌の敵。

みなさん、日焼け止めを塗って紫外線を避ける努力はされていると思いますが、**日焼け止めは「つけ方」が大事。**というのも、ちゃんとつけられていない人が意外と多いのです。「ざっとつけておしまい」になっていませんか？　次のページで紹介していますので、つけ方を今一度確認してみてくださいね。

また紫外線を避けるには日焼け止めだけでなく、**服装や帽子、日傘なども重要**です。

外出の時は、紫外線を通さないできるだけ目の詰まったポリエステルの生地などを選びたいですが、真夏は暑苦しいですね。薄手の生地を着る場合は紫外線カット加工のものを着るといいでしょう。できれば長袖がのぞましいです。

意外に間違っている？ 日焼け止めのつけ方

❶まず一度、肌につけ、なじんだらもう一度つける「二度づけ」が基本
❷額、頬、鼻、あごに適量を乗せ、そこからすみずみまでなじませる
❸細かいところは、薬指の関節を使ってむらなくつける
❹屋外では、2時間おきに一度はつけ直す
❺ショートカットの人は、耳の裏や首の後ろもつける
❻半袖や肌が露出する服を着る場合は、腕や肩、足などにもつける
❼髪の分け目も日焼けするので、スプレータイプの日焼け止めなどを使って頭皮も保護を

◎まつ育はメディカル仕様が最強

中高年はどうしても上まぶたがたるんでかぶさってきてしまうので、まつ毛をしっかり上げて目をパッチリさせたいところです。

ところが、年齢とともにまつ毛自体が抜けてまばらになったり、やせて細くなってきて

しまうんですよね。

まつ毛パーマやマツエクに頼る方法もありますが、定期的に通う必要があるし、まつ毛のダメージも心配です。やはり、**自分のまつ毛を育てることが先決**だと思います。

最近はまつ育エッセンスが市販されていますが、これはクリニックで処方されるものがいいです。うちのスタッフも使っていて、感動しきりです。

美容皮膚科、皮膚科、眼科などのクリニックで処方されますが、どのクリニックでも扱っているわけではありません。希望される場合は事前に問い合わせるかHPなどで確認してください。

自分に美の魔法をかける《メイクのレッスン》

コスメって、自分に美の魔法をかけられるものでなければいけないと思うんです。使い古した1000円のファンデに、汚れたパフでは魔法はかかりませんよね。

コスメは色やフォルム、デザイン、香りまで、手に取るだけで「これを使えば絶対にキレイになれる」と思えるようなもの、使う前に手に取るだけで魔法をかける準備ができるもの、そんな夢のあるものを使いましょう。

あなたのコスメに愛と夢のエッセンスは入っていますか？

コスメは自分に「しあわせの魔法」をかけるツールです。

コスメ選びこそ真剣になりましょう。私がやっぱりいいなと思うのは海外ブランドです。世界中の女性に手に取ってもらうために途方もない努力と技術と知恵を集めているわけですから、「魔力」がやっぱりあります。

アンチエイジング習慣を身につけるには「女性の人生を楽しむこと」に尽きるかもしれません。

ゆかりんビューティートーク 3

ブランドストーリーを知るとコスメに愛が生まれる

私が大好きなコスメブランドのひとつがパリのコスメティックス、「レ・メルヴェイユーズ ラデュレ」。マカロンで有名なパティスリーから生まれたブランドです。

ラデュレのコスメには本当に女心を一瞬にしてつかむ魅力があります。まずフォルムからして別格です。帽子がかたどられたフォルムのアイシャドウ、バラの花びらを模したチーク、ハイヒールを履いた女性の足を模したリップグロス……。

ラデュレのフィロソフィーを紹介しましょう。

「圧倒的に、五感を刺激し、女性を本能的に魅了するものでなければ、真に美しいとは言えない」

このように女性に愛を手向けているコスメブランドが世界中に存在するということを知ると、いつまでもエレガントでいたいと強く思います。

そしてブランドストーリーを知って使うと、ますますそのコスメに対する愛が深まるし、大事に使って美しくなろうという気になるものです。

◎メリハリ・メイクで5歳若返る！

私たち世代にはどうも「ナチュラルメイクがいい」という思い込みがあるように思います。

確かに若い子の「すっぴん風メイク」、「メイクしているのにしていないように見えるナチュラルメイク」はとても魅力的。

でもそれを中高年がやってしまうのはNGです。老け感が増したり、眠そうなボケた印象を持たれたりしてしまいます。かといって、厚塗りをすればいいというものではありません。

中高年のメイクは「メリハリ」が大事。

まずはアイメイクです。どうしてもまぶたが垂れてきて目が小さく見えてくるので、マスカラ、アイラインをしっかり入れて、目ヂカラアップを。

眉も若い人の間で流行っている、「ふんわり眉」ではなく、しっかり描きます。しっかりといっても力強いという意味ではなく、上品で印象的なラインを心がけてください。足りない部分は眉マスカラで補いましょう。

目の下のクマはハイライトを使ってワントーン明るく。ただし、上まぶたがやせてきている場合は、パール系のハイライトを入れてしまうと逆に貧相な印象になる場合があります。

ハイライトもいろいろあるので、自分のお肌に合ったものを選びましょう。

◎メイクタイムは女性であることを楽しむプレシャスな時間

私もかつては鏡に向かって毎朝、「早く、早く！」の一心でメイクしていました。そこにはメイクの楽しみなんてまったくありませんでした。あるのは「やらなきゃいけない」という義務感のみ（笑）。

でもそうやって大慌てでメイクすると、仕上がりが荒くなったり、ラインがはみ出して、それを修正するのに余計時間がかかったりするんですよね。

コスメ選びも、若い時は雑誌などをチェックして「新製品が出たから買いに行こう」「これが今年の色なんだ」というように、あれこれ興味があったのですが、年齢とともにどうでもよくなってしまって……。だんだん「新製品が出たから買う」のではなく、「なくなったから買う」になってしまい、それも同じものをずっと使い続けていました。

でもある時、「これではダメだ」と一大決心をして、コスメのイノベーションをしたんです。**メイク用品もスキンケアも全部、一から「今の自分」に合うものを選び直しました。**

そうしたらまたメイクタイムが「楽しい時間」になったのです。その時気づいたのは**「メイクってクリエイトなんだ」**ということ。「自分で自分の顔を作る」という、新鮮な感動がそこにありました。

メイクに飽きてきた……、惰性でお化粧をしている……、そんなふうに感じていたら、ぜひともブランド・イノベーションをしてみてください。

メイクって女性だけの楽しみじゃないですか。自分に魔法をかけて、女性であることの喜びを感じられる、そんな時間にしたいですね。

◎チークでお顔が一気に華やぐ！

チークをつけない人もいますが、**顔色がくすみがちな中高年には必要なもの**だと思います。やはり入れると断然顔が華やかになりますよ。

まず色選びですが、**柔らかいキレイな色**を選んだ方がいいと思います。

中高年はどうしても顔から浮かない、肌なじみのいい色、くすんだ色を選びがちになってしまいます。でも若い人がダークな色を使うとシャープな輪郭が演出できるのですが、オトナ女子にはおすすめしません。かえって顔がくすんだり、暗く見えてしまうからです。明るいピンクやビタミンカラーのオレンジを使いましょう。キレイな色のほうが絶対に仕上がりがいいし、女として気分も上がりますよね。

つけ方ですが、中高年はどうしても頬が下がって来てしまので、それをチークでリフトアップさせます。イラストのように、頬の中心のあたりから「3」の字を描いて、上にハネ上げます。最後はスッと力を抜きます。

こうするとビックリするぐらい顔が上がって見えるし、小顔効果もあり、一気に若返りますよ！

チークは、シーズンごとに色や入れ方など、トレンドがありますので、それも上手に取り入れてくださいね。

リフトアップできるチークのつけ方

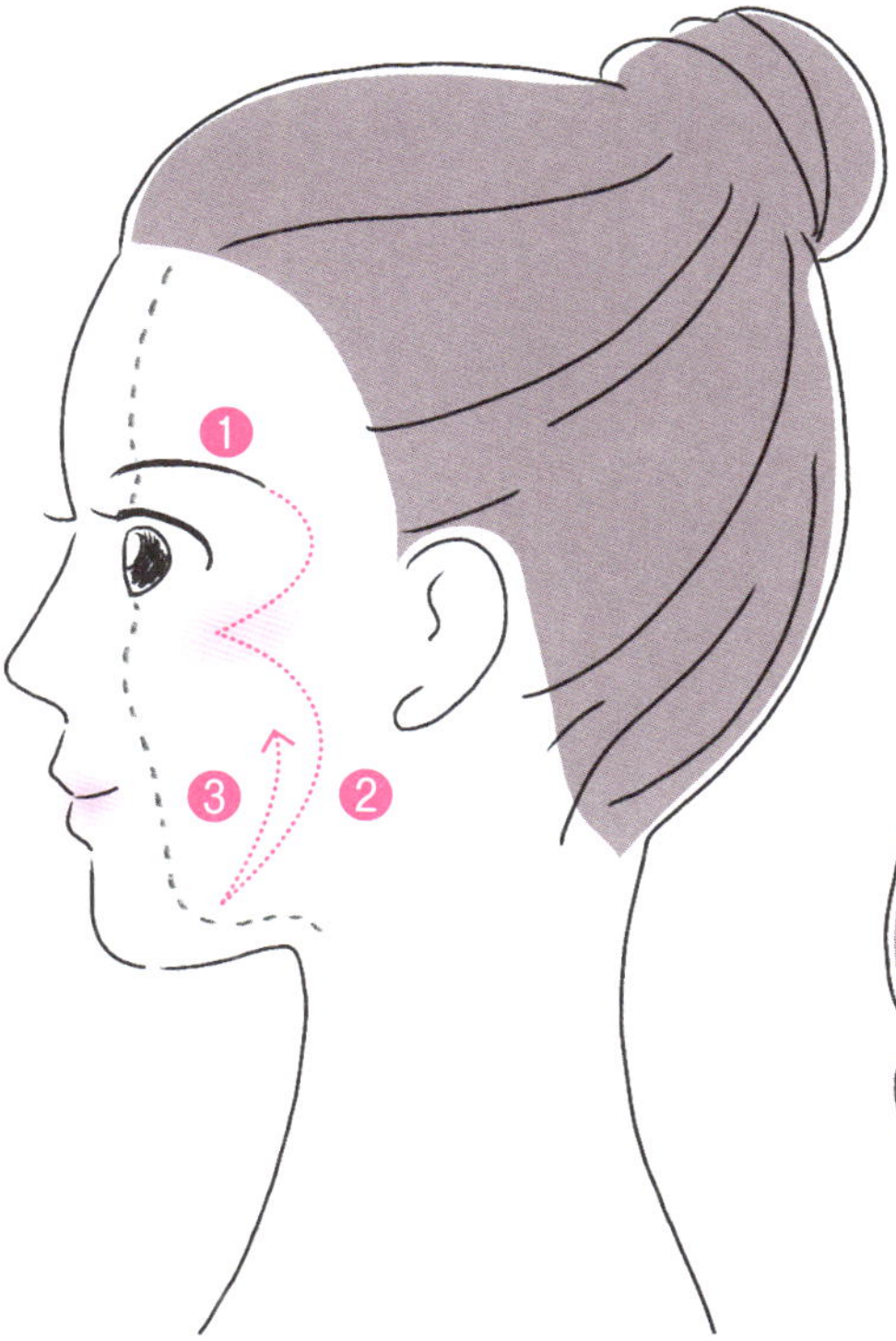

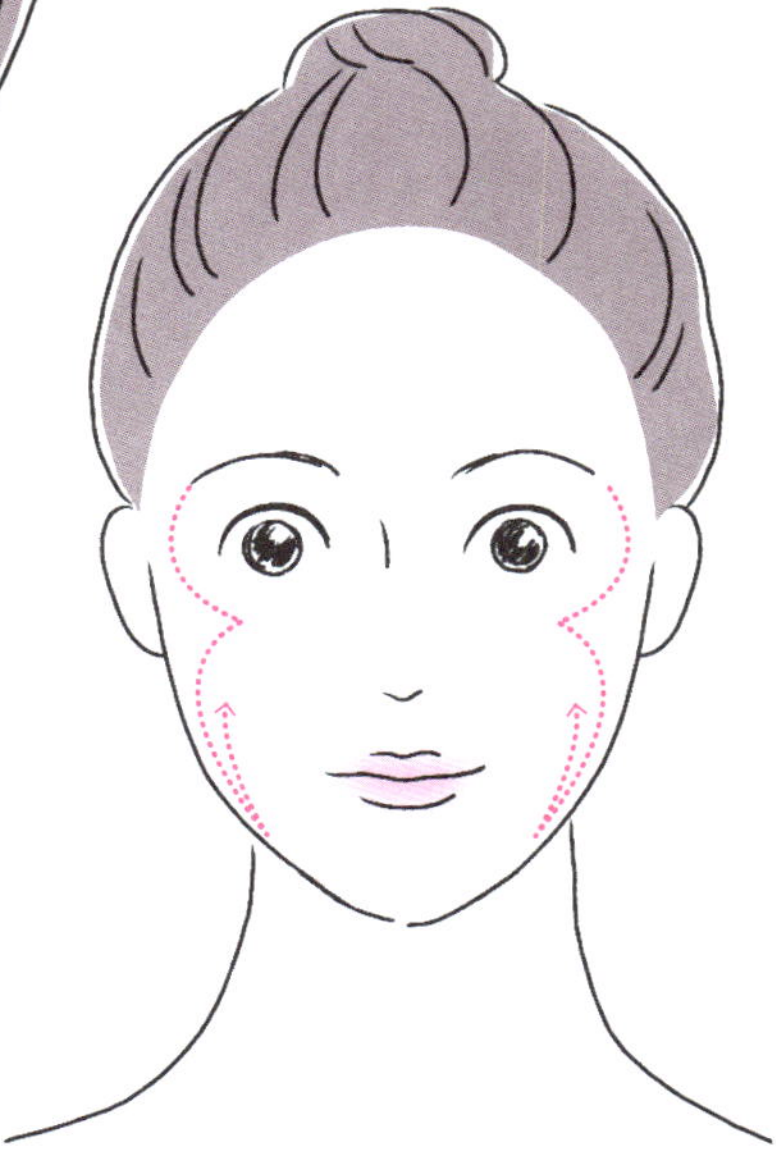

1. 眉の横下からスタート
2. 頬の一番高いところで一度止める
3. あごの半分ぐらいで上にハネ上げる

監修：ビューティーケアリスト　喜久川由美　http://makeup.okinawa/profile/

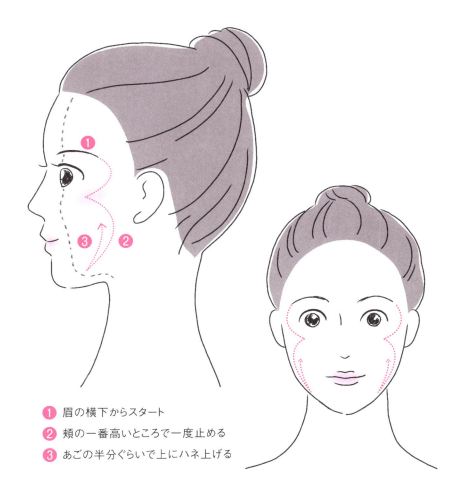

ゆかりん
ビューティートーク
4

使うたびにしあわせの目まいがする極上チーク

私はP52でもご紹介しているラデュレのチークを愛用しています。「フェイス カラーローズ ラデュレ」というもので、バラの花弁に形作られたチークなのです。ラデュレは「チークがメイクの中心」という考え方なのです。

このチークは香りも極上で、朝摘みのバラの香りなんです。もうふたを開けただけで、フーッと気が遠くなってめまいが（笑）。使うたびに幸福感でうっとりしてしまう、大好きなチークです。

コスメもすべてをハイブランドで揃えるのはなかなか難しいかもしれません。そしたら一点豪華主義でもいいので、こういうステキなコスメを持つと、「よし、頑張ってキレイになろう」という気持ちになれます。メイクを「やらなきゃいけないもの」から、「自分にキレイの魔法をかけるもの」に転換できるコツです！

つややかな髪を保つ《ヘアケアのレッスン》

若い頃のメイクをずっと続けている人がいると述べましたが、実はヘアスタイルも同じ。若い頃のままのヘアスタイルをずーっと続けている人がいます。

もちろんそれで似合っていればいいのですが、それはどちらかというとレアケースで、やはり時代とともに形が古臭くなっていたり、スタイル自体が似合わなくなってきたりするものです。

◎ヘアスタイルもイノベーションを！

ヘアスタイルもトレンドを取り入れてアップデートする必要があると思います。

なじみのあるスタイルを変えるのは勇気がいるけれど、**今のあなたに似合うスタイルが必ずあるはず**です。

といっても自己流ではなかなかわかりませんよね。ここは「黄金律③プロにアドバイスしてもらおう」です。

自分がなりたいイメージを伝えて、美容師さんにアドバイスしてもらいましょう。雑誌の写真などを見せて相談すると話が早いです。

美容師さんは自分の年代より若い人を担当にしてもらうと、若い感性のスタイルに仕上げてくれます。

◎ヘアの悩みあれこれ……

「髪は女の命」というけれど、オトナ女子はいろいろな悩みがあります。白髪、薄毛、抜け毛、髪が細くなる、パサパサしてくる、頭皮のかゆみなど……。

私も、年々、髪が細り、ツヤがなくなり、「シルクのような髪」と言われた昔はいずこ……(泣)。

40代以降は、女性ホルモンが減少して、頭皮のターンオーバーや毛周期が乱れるため、こうしたトラブルが起こるのです。**若い頃とは肌質が変わってくるのと同じように、髪質も変わってきます。**

また年齢と共に顔の皮膚が下がってくると、頭皮も引っ張られて頭頂部が張ってきます。毛穴も一緒に引っ張られて毛髪が寝た状態になるので、コシがなくなり、髪がボリュームダウンして見えるようになります。

また、**お顔と同じように、地肌も乾燥するようになります。**

これらのトラブルに対応するために、ヘアケアも若い頃と同じ方法ではなく、年齢に合わせてシフトしていく必要があります。シャンプーも若い人の使うものと同じものでは乾燥がひどくなります。

若い頃はロングヘアを保っていた人も、中高年になるとだんだん髪に自信がなくなって、短くしてしまう人も多いですね。でも**ちゃんとケアをすれば、ツヤツヤのロングを保つこともできるんです！**

◎オトナ女子のヘアケアのポイントは3つ

ではどんなケアをすればいいのかというと、ポイントは3つ。シャンプーの見直し、保湿、そして血行を良くすることです。

①シャンプーを見直す

まずひとつめはシャンプーです。シャンプーもブランドの見直しをしましょう。若い頃と同じような洗浄力が強すぎるものは皮脂を取りすぎるのでNG。**洗浄力のマイルドなものに変えましょう。**

刺激を避けるというと、ナチュラル系のものに目が行きがちですが、それだけでは、髪の毛の養生、再生には不足なところがあります。きちんとエイジングに取り組んでいるブランドをおすすめします。

またシャンプーの仕方ですが、シャンプー前には必ずお湯で「予洗い」をしましょう。お湯だけでもかなりの汚れが落ちますよ。

シャンプーは原液をそのまま髪につけるのではなく、少量のお湯でよく泡立ててから髪につけるようにします。洗い方は指の腹を使って円を描くように動かしながら、後頭部や耳の後ろから頭頂部へ、こめかみから前頭葉へと洗っていきます。

汚れを落とそうと、こすり洗いをしたり、ゴシゴシもみ洗いをする人がいますが、これは抜け毛や切れ毛の原因となってしまいます。泡で包むようにやさしく洗いましょう。

シャンプーのサイクルも見直しましょう。習慣的に毎日洗うという人も多いと思いますが、必ずしも毎日洗う必要はありません。汗をかく夏場などは1日1回洗ってもいいのですが、冬場は2日に1回程度で十分です。

②スキャルプ(頭皮)エッセンスを加える

中高年になると頭皮が乾燥します。頭皮が乾燥すると、かゆみや湿疹もできやすくなり、髪にもダメージが及んでしまいます。頭皮は「髪の畑」でもあるわけですから。顔の皮膚と頭皮は、一枚皮でつながっているのです。**スキャルプエッセンスは早めに使い始めることで薄毛対策にもなります。**

頭皮環境を整えることはとても大事です。美容液や保湿成分を含んだスキャルプエッセンスで保湿しましょう。シャンプー後、頭皮につけて30秒マッサージしましょう。

私の使っているブランドはP68でご紹介しています。

③頭皮の血行促進を心がける

頭皮の血行が悪いと、健康な髪が生えてきません。**血行を良くすることで、抜け毛・枝毛の予防、育毛効果もあります。**

東洋医学によると、頭には365のツボがあるといわれ、脱毛の予防や、頭、首などの血行促進の効果を期待できます。

頭頂部の中心の百会《ひゃくえ》、耳の上の生え際のくぼみにある角孫《かくそん》、うなじの生え際にある太い筋肉の外側にある天柱《てんちゅう》、その指1本分外側の風池《ふうち》、うなじの生え際から少し上がった中央のくぼみの瘂門《あもん》、後頭部の盛り上がった位置から左右に指2本分のところの玉沈《ぎょくちん》など。

これらを指の腹で「痛くて気持ちのいい」程度で5秒ほど押してください。これを3回程度繰り返します（P65参照）。

また頭頂部から耳の上まで、指圧しながら両手を下ろしていく頭全体のマッサージや、左右のこめかみ付近に指を当てて後方へ円を描くようにもみほぐすのもおすすめ。爪を立てずに、8割程度の力でゆっくりと押してください。

マッサージをすることで抜け毛も予防できますよ

また**血行促進にはブラッシングも重要。**良質な猪毛や豚毛のブラシでよくブラッシングしましょう。

頭皮マッサージの仕方

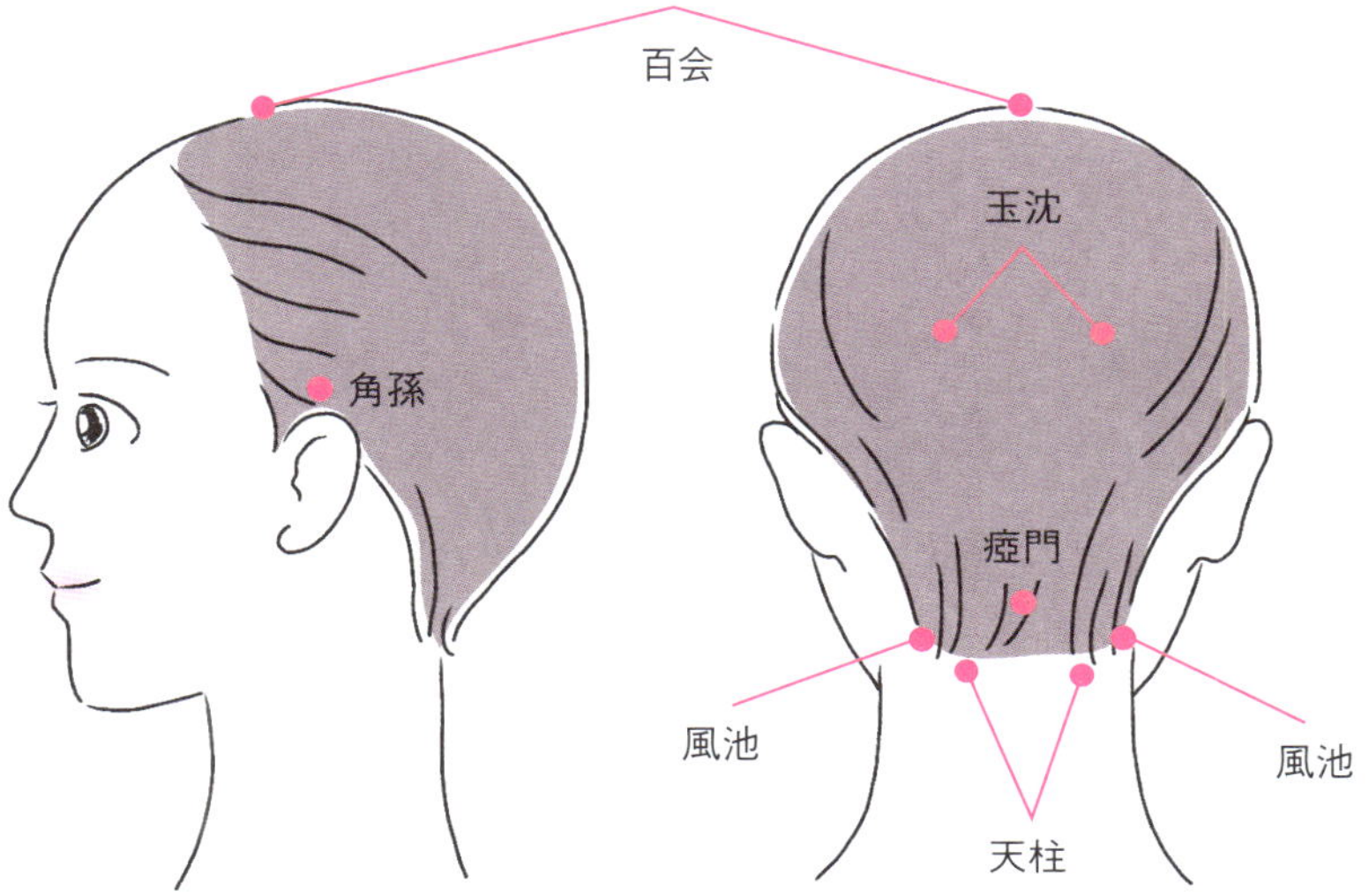

頭部のツボ

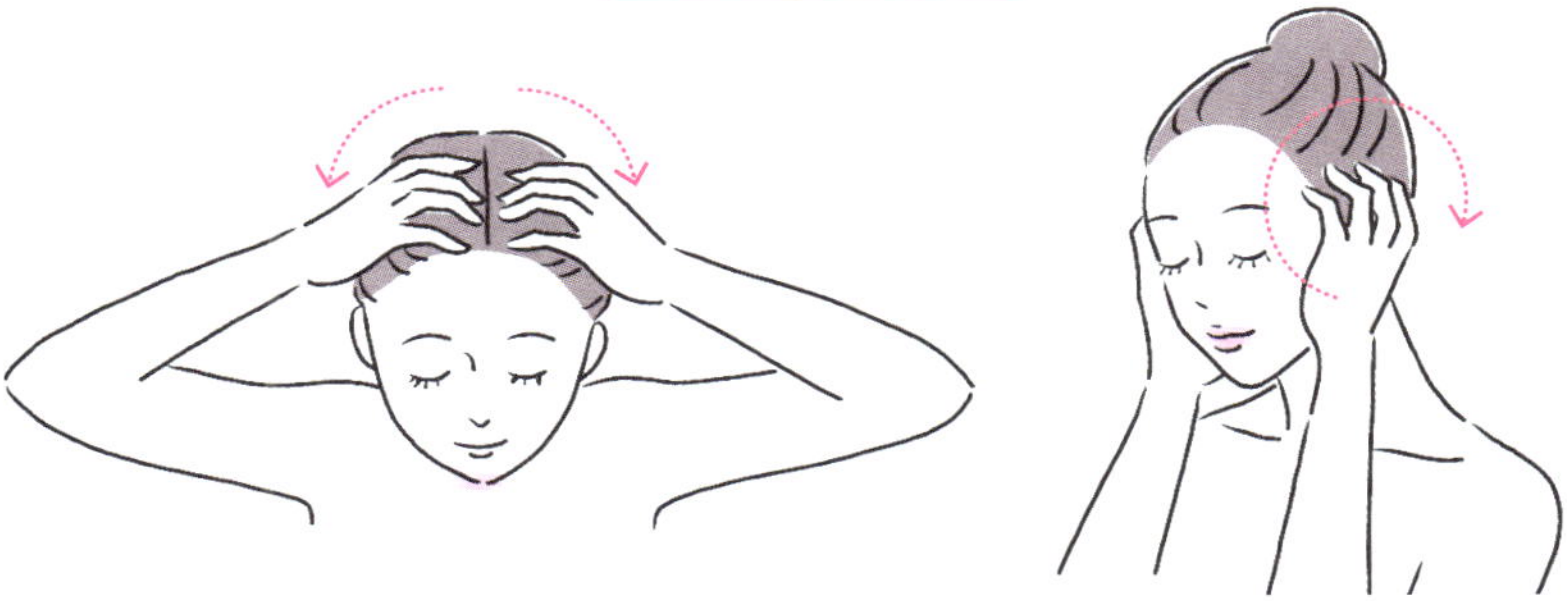

1. 頭部のツボを指の腹で5秒ほど押す。「痛くて気持ちのいい」程度で3回行う
2. 頭頂部から耳の上まで、指圧しながら両手を下ろしていく
3. 左右のこめかみ付近に指を当て、後方へ円を描くようにもみほぐす

ゆかりん
ビューティー
トーク
5

ヘアアレンジで華やかさを演出！

オトナ女子にはシャギーを多く入れる髪型より、丸みのあるボブカットをおすすめします。レイヤーを入れる場合も、重なりが自然な丸みを帯びるように切ってもらうと、光を反射する面積が広くなり、ツヤが増します。

また中高年になるとどうしても髪の毛が薄くなったり、やせたりして、ボリュームが出にくくなってきます。刺激の少ないパーマでふっくらさせたり、ヘアアイロンで巻き髪にしたり、ウエーブを出すことで若々しく見えます。

バレッタなど髪留めで華やかさをプラスするのもいいですね！

◎薄毛対策は「なってから」ではなく、「なる前」に！

中高年のヘアの悩みでかなり深刻なものが薄毛です。

薄毛になってしまうと、なかなか対策が難しいので、とにかく予防が大事です。まずは前項で述べた、ヘアケアの3つのポイントを確実にクリアすること。**特にスキャルプエッセンスはぜひ取り入れてください。**使うと使わないとでは、何年か後に違いが出ます。

次に重要なのが**①栄養、②睡眠、③紫外線対策**です。

①栄養……髪はアミノ酸（たんぱく質）でできています。また髪の毛の畑でもある頭皮はコラーゲンで作られています。ですからアミノ酸、コラーゲンの摂取はとても大事。コラーゲンは年齢とともに減っていきます。肉や魚、卵、大豆、乳製品など、たんぱく質が豊富なものをしっかり食べましょう。またコラーゲンの生成を助けるビタミンCも一緒に摂りましょう。

②睡眠……頭髪は絶えず生え変わりを行っていますが、これをつかさどるのはP91でも述べている「成長ホルモン」。成長ホルモンは午後10時から午前2時に多く分泌されるといわれます。この時間には就寝していることが大事です。

③紫外線……頭皮にダイレクトにダメージを与えて、薄毛を引き起こす原因となります。

P48でも述べましたが、頭皮の日焼けは怖いです。特に分け目のところが要注意。しっかり紫外線対策をしましょう。

ゆかりんビューティートーク

6

私のお気に入りのヘアケア製品

私も美容師さんから髪の傷みを指摘されて、ヘアケア製品を見直すことにしました。シャンプー、トリートメントをブランド・イノベーションし、新たにスキャルプエッセンスを加えました。今は、プラセンタ注射薬を製造しているＵＴＰの「ＭＨＧヘアケアシリーズ」を使っています。

中高年の薄毛は、女性ホルモン（エストロゲン）の減少が大きな原因のひとつ。プラセンタは育毛成分として有名なミノキシジルと同等の作用があり、実際に薄毛の治療に使われているんですよ。その他、加水分解ケラチンやアルギニンなども配合されていて、頭皮全体を柔軟に整えてくれます。頭皮の血流が良くなるので、酸素や栄養が行きわたるそうです。私も使い始めて細くなっていた髪のコシが強くなって、保水力を保てるようになり、髪が蘇ってきました♥ 薄くなりつつあった髪の分け目が気にならなくなりましたよ！ あなたも「髪質が変わったな」と感じたら、育毛・養毛ケアを入れ込んだエイジングケアのブランドにシフトを！ 年を重ねても髪は女の命。しなやかでツヤのある髪をキープして、お出かけ前の最終チェックも忘れずに。

上手な薄毛対策のポイント

1. バランスの良い食事
2. 血流を悪くするたばこはＮＧ
3. 必要以上に髪を洗いすぎない
4. ストレスを溜めないように気をつける
5. １日50～１００本抜けるのは自然なことなので気にしない
6. 育毛剤は根気よく、半年間は使い続ける
7. ウィッグやヘアピースは育毛には影響しないので楽しんで

女性であることを楽しむ《香りのレッスン》

◎人生を輝かせる香りを身にまとう

仕事や家事など、日々時間に追われていると、女性らしさが置き去りになっていませんか?

そんな時こそ、香りの力を借りましょう。**香りにはリラクゼーションやストレス解消効果のほか、やる気を起こさせる効用もある**といわれます。

特に柑橘系の香りは気持ちを落ち着け、仕事のミスを減らすという統計が出ています。ラベンダー、ジャスミンなども同様の効果があるようです。

＊士気を上げたい時……シトラス、グリーンなど柑橘系
＊癒し、ストレス緩和……ラベンダー、ローズなどのフローラル系

と大きく考えていいと思います。

ゆかりん
ビューティー
トーク

7

香りとのつき合い方

普段、私は髪の毛をひとつに束ね、無香水。医療の現場ではパフュームは御法度です。ですからプライベートでは、思いっきり好きなファッションをして切り替えます。その時、香水はヘアメイク、ファッションの仕上げに欠かせません。

私の好きな香りのひとつが、ミスディオール。ミスディオールは定番のフローラルの香りですが、時代に合わせて少しずつ調合を変えているんですよね。だからいつもフレッシュな気持ちで使えます。

ブルガリのローズ・エッセンシャルも好きです。

香水には各ブランドのフィロソフィーが表れています。ローズの香りひとつにもそれぞれにストーリーがあります。

香水一つひとつに秘められた物語に思いを馳せながら、女子力を高めるためにお花の力を借りましょう。

香水といえば、やはりフランスですよね。数々のブランドの名香を生んだ香りの街・グラースは、バラが咲く広大な花畑が広がり、常に香《かぐ》わしい香りが漂う幻想的な場所。実際にディオールの香水の原料となるお花が栽培されているそうですよ。

◎24時間フレグランス計画

お気に入りの香りを揃えたら、あなたの**24時間フレグランス計画**を立ててみましょう！

朝起きて、シャワーの後、柑橘系のコロンで目覚まし、オフィスでは、柑橘系やローズの軽い香りを。周囲の迷惑にならないよう、でも自分を癒すことができるような軽い香りがいいですね。

職場でも使用できるおすすめのものは、ロクシタンのヴァーベナ（柑橘ハーブ系）、あるいはローズです。どちらも爽やかな香りのオーデコロンなので、誰にも不快感を持たれずに使えると思います。

食事やデートなどに出かける時は、プライベート用のお気に入りのパフュームを。

帰宅後は、1日の疲れを癒すアロマがいいですね。癒しの香りでお部屋を心地よく包んで。

お風呂上りには、気分によってコロンを変えてみましょう。ピローケースにも少しスプ

朝
昼
夜

レーすると心地よく眠りにつけます。

◎加齢臭にNO!

加齢臭は「オジサンの専売特許」というイメージがあるかもしれませんが、**実は女性も中高年になると加齢臭が出てくるのです。**自分では気づかないだけかもしれません。

加齢臭対策としては、**悪臭の原因となるアンモニアを中和・消臭し、細菌の増殖や汗のにおいを抑える制汗剤がおすすめ**です。

市販の製品もありますが、クリニック専売品はやはり実力の差があります。夏の汗やワキガの悩みにもおすすめです。

好きな香りを思い切り楽しむためにも、加齢臭や汗のにおいはしっかりガードしましょう。

PART

3

あの頃の輝きを取り戻すシンデレラ・ファッション

一気に10歳若返る！シンデレラ・ファッションの5つのコツ

ファッションは「なりたい自分」になるためのツール。それも日替わりで「なりたい自分」を楽しむことができるツールです。

オトナ女子のファッションはどうしても「守り」に入りがち。地味な色合い、体のラインを隠すゆったりした服……。いつも同じようなスタイルになってしまっていませんか？

でも、**オトナ女子こそトレンドを知り、ファッションを変化させなければいけない年代**だと思います。

なぜならば中高年になってくると似合う色や形が変わってしまうからです。体型はどうしても変わってくるし、お肌がくすんだり、髪質が衰えたり……。

その変化を受け入れるのってなかなか難しいんですよね。認めたくないというか、直視したくないというか……。

でもそこをちゃんと見つめた上で、カバーすべきところは上手にカバーして、オトナ女子の魅力を際立たせるファッションをすればいいのです。

そのためにはコツがあります。本章では10歳若く見せるファッションのコツ5つをご紹介します！

せっかく女性に生まれたのですから、もっとファッションを楽しみましょう。女性は花にたとえられますが、磨き続けることで、枯れない花のような高貴さを醸し出せると思います。


服は、自分を引き立ててくれる額縁です。

人生をもっと輝かせるためにも、ファッションスキルを上げていきましょう！

シンデレラ・ファッションのコツ① ファッション誌で「流行」をチェックしよう

年齢とともに美のイノベーションをする話をしましたが（美の黄金律②）、ファッションにおいてもこれは大事です。

20代の頃は流行をいち早く取り入れてオシャレに着こなしていたけれど、中高年になるとだんだん流行から遠のき、今何が流行っているかもわからなくなっている――。身に覚えはありませんか？　でも本当にそういう人、多いと思います。

かといって中高年になると、最新流行を追いかけるというのもなかなか難しいもの。やみくもに、流行を取り入れればいいというものでもありません。

ではオトナ女子はどのように流行につき合えばいいのでしょうか。

まず**「今、何が流行っているか」を知っておくこと**です。トレンドを知っておくことで、服選びも変わってきます。

そのためにはファッション誌を読むのが良いと思います。ファッション誌は最近では世代別に細かく分かれていて、何を選べばいいか迷ってしまいますよね。でもあれは別に自分の年代の雑誌を選ぶ必要はないわけです。私のおすすめは、**実年齢より10歳ぐらい若い読者をターゲットにしたものを選ぶこと。**少し若めのトレンドを知るだけでも気分が若返り、それはあなた自身の雰囲気にも影響するはずです。

ゆかりんビューティートーク

8

ファッション雑誌が与えてくれるもの

ファッション雑誌は私にとって欠かせないもの。それはトレンドをチェックするというだけにとどまりません。

私は仕事柄、医療、経営、政治経済の本を多く読みます。そういうものばかりを読んでいると「女性らしさ」をどこかに忘れてしまう感覚になるのです。

そういう時に、クオリティの高いファッション雑誌を開くと、そこは別世界。ファッション、メイク、アクセサリー、エステ、レストラン、リゾートなどあらゆるトレンド情報が満載されていて、写真も夢のように素敵。いっぺんに、女心が開花します。

時には、気に入ったものをメモして、取り入れることもあります。

頭の中を美しいもので満たすと、それだけでしあわせ気分が満ちてきます。

イライラした時、ストレスが溜っている時などに、みなさんもぜひやってみてください。5分で切り替わりますよ。

シンデレラ・ファッションのコツ② 10歳若いブランドを選ぶ

10歳若返るためには、シンプルに10歳若いブランドを選べばいいのです。

「若い人のブランドなんて……」と思ってしまうかもしれませんが、「年代に合ったファッション」を追い求めていると、やはりおばさんくさくなってしまうのは否めません。

ただし、**ブランド選びには少々こだわったほうがいい**と思います。中高年は体型がどうしてもふくよかになってしまいますが、そうした女性の体をキレイに魅せてくれるものであることが大事です。

それは何かというと、パターン（型紙）や生地の使い方なんです。

特にワンピースは、身ごろのバストの部分とスカートの生地の取り方、切り替えに技術がハッキリ出てしまいます。その技術の高いブランドこそが、女性の体の線を美しく見せてくれるのです。それはやはり、いわゆる高級ブランドの場合が多いと思います。

そうしたブランドの服を着こなすことで、「若さ」だけでは勝てない、品格あるファッションを表現できます。もちろん、常にハイブランドを着る必要はないけれど、**「ここ一番」という時には上質な服を身にまといましょう。**

では具体的にどんな店を選べばいいか、見分ける方法をお教えしましょう。

まず外から、**その店のインテリア、店構えをチェック**します。デパートや専門店街であっても、店構えはそれぞれの特徴、個性を現しています。それはブランドのデザイナーの好みが、インテリアの個性にも反映されるからです。

次に、**その店で働いている店員の服や雰囲気が自分に合っているかをチェック**します。店員さんのファッションはその店の「イチオシ」ですから。マネキンやトルソーの着ている服も同様です。

それが自分の好みやトレンドに合っているようなら、お店に入ってみましょう。

ちなみに私の好きなブランドは、トッカやドルチェ&ガッバーナなどです。

シンデレラ・ファッションのコツ③　色は「キレイめカラー」が鉄則

自分に似合う色、勝負色というのがあると思います。

でも若い頃似合うと思っていた色が、だんだんと似合わなくなってきている可能性があるのです。

中高年はどうしてもシミやしわ、くすみなどでお肌に影が出てきてしまうし、白髪染めで地毛よりも暗めの髪色になってしまって、全体的にトーンダウンしてしまいます。

そこに、黒や紺などのダークな色合いの服を着てしまうと、ますます暗く、くすんだ雰囲気になってしまいます。若い頃はお肌にもツヤがあり、イキイキしているので、暗い色でもかえって若さを引き立ててくれるのですが、中高年にはNGなんです。「黄金律④キレイ色を取り入れる」です。

オトナ女子こそ明るくてキレイな色を選ぶべきだと思います。

キレイ色といっても真っ赤、真っ黄色といった原色ではなく、**白の混ざった「ペールトーン」という淡い色がおすすめ**です。ペールトーンは、女性的、若々しい、穏やかな、柔らかな印象を人に与えます。

変化をつけたいなら　同じトーン同士の組み合わせにすれば失敗しませんし、補色（正反対に位置する色）をさし色にすれば、一気にコーディネート上級者。たとえば、黄色↓青紫、赤↓青緑と覚えておけばセンスが上がります。

明るい色はハイライト効果で顔色も明るく、キレイに見せてくれますよ！

シンデレラ・ファッションのコツ④　若い店員さんと仲良くなる！

美の黄金律③でも述べたことですが、**特に洋服においてはプロのアドバイスは強力**です。「ファッション情報でトレンドチェックをしたり、じっくり服を選んだりする時間がない」という人は特に、ショップの店員さんと仲良くなってほしいと思います。

彼女たちは若くてもホスピタリティーがいき届いているし、よく勉強しているので、こちらの質問にも丁寧かつ的確に答えてくれます。また自分に似合う服や色を教えてくれます。

彼女たちと仲良くなるコツは、彼女たちのファッションやメイク、髪型、接客態度などをほめることです。実際にショップ店員の人は、美しくあろうと努力している人が多いと思います。

仲良くなると、似合う色やデザインをお取り置きしてくれたり、他店から取り寄せしてくれたり、お買い得情報なども教えてくれるようになります。

ショップ店員さんの意見は、あなたの知らない魅力を引き出すツールです！

ゆかりん
ビューティートーク
9

生地や型紙を見ればブランドの力がわかる

私は洋裁を習っていたことや、着物の着付け師範の資格を持っていることもあり、洋服を見ると、使われている型紙や生地がわかります。

また絹や綿などの生地の特徴や質、染物と織物の知識もあるので、そのブランドの技量や、ここに力を入れているという企業努力が理解できるのです。

「この服は、変わった織物ですね。この生地は特別に織らせたものでしょう？」と聞くと、「よくおわかりですね！　とても手の込んだ生地でして、制作するのに時間がかかったものです」などといったように、ちょっと専門的（笑）な会話をしたりします。

もちろんそうした知識がなくても、こちらがそのブランドの個性や企業努力の部分に理解を示すことで店員さんも喜んでくれて、対応も変わってくるものです。

シンデレラ・ファッションのコツ⑤　客観的な意見を言ってくれる人を持つ

自分を客観視する――。何歳になっても美を保つためにはこれはとても大事なことです。

自分を自分で客観視しようとしても難しいので、やはり**客観的な意見を言ってくれる人が必要**です。

まずひとりはハッキリと「似合わない」と辛口批評をしてくれる人が必要です。家族や親しい友達などでしょうか。

また、言いっぱなしではなく、前向きなアドバイスをしてくれる人もいるといいですね。

前項で述べた親しいショップ店員さんなどで、そういう人を見つけておきましょう。

「着たいけど、似合わない」、「好きだけど、着こなせない」が起こってくるのがオトナ女子です。自分に似合うものを上手に選んで、より魅力的になるために、ファッションを楽しんで下さいね。

ゆかりんビューティートーク

10

息子の「辛口批評」は貴重な意見

私にもファッションの意見を言ってくれる存在が数人います。

辛口批評をしてくれる人、これは32歳の息子です。

あれは私が40歳になる手前でした。若い頃から好きだった黒のワンピースを着ていたら、「似合わないよ！　全ッ然似合ってないよ！」と息子が連呼するんです。

ハッとして鏡を見ると、確かに顔がくすんで「老け見え」していたのです。

この一件で、黒のワンピースを着る選択をスパッと捨てました。

あんまりズバリと気持ちよく言われたので、不愉快な気持ちは全然ありませんでした

（笑）。

ちなみに息子は、「その服、似合うね」などとほめてくれることは一切ありません。「似合う?」と聞いても「ふ～ん」みたいな関心のない返事。ところが似合わない時だけ、思いっきりダメ出ししてきます（笑）。

ヘアカラーを極端に明るくした時も、「その髪の毛、すぐに黒に戻して!」と速攻で指摘されました。

私にとっては、厳しいけれど頼りになる批評家です。

そして2人目はブランドショップの若い店員さんです。私の体型や個性を知った上で、トレンドを取り入れて、新しい提案をしてくれます。「ちょっと冒険かな?」というような、トライ型のアドバイスをしてくれるのがポイントです。

「え、こんなの大丈夫?」というようなものでも、「大丈夫です!」と言われて着てみると、「あ、結構イケるかも……」という時もよくあります。背中をポンと押してもらっている気持ちになります。

息子と店員さん、私にとってはこの2人が大事な存在です。

PART

4

健康は「若さと美」の原点！

上手に切り抜けたい《更年期の諸症状についてのレッスン》

◎知っておきたい老化の正体とは？

年を取る、老化する……、イヤな言葉ですね（笑）。でも老化とは何でしょうか？老化の正体がわかれば、対策も取りやすくなります。

まず**医学的には、老化の主な原因は2つ。それが「酸化」と「糖化」なんです。**

「酸化」とは、活性酸素の害のことです。私たちは呼吸によって酸素を取り込んでいますが、この酸素の一部が「活性酸素」に変わり、細胞や血管を傷つけてしまうのです。**活性酸素の害から身を守ってくれるのは「抗酸化力」**です。抗酸化力を高めるには食事が大事ですが、これについては第5章でご紹介します。

一方、糖化とはご飯やパン、お菓子などに含まれる「糖質」が体内のたんぱく質と結びついて、たんぱく質を劣化させてしまうこと。糖化したたんぱく質のことをAGEs（エイジス）といいます。このAGEsが細胞や血管にダメージを与えてしまうのです。

AGEsは体内でも生成されますが、食事として口から入ってくる場合もあります。

ＡＧＥｓを溜めこまないためには、まず糖分を摂りすぎないこと。糖分は体にとって大事な栄養素ですが、摂りすぎはＮＧ。たとえば3食、ご飯やパスタなどの主食をしっかり食べた上で、スイーツも欠かさず……というのでは摂りすぎです。

また食べる順番の工夫も大切です。最初から糖質を食べないで、野菜や汁物から食べること。すると血糖値の急上昇が抑えられて、ＡＧＥｓの生成を抑制できます。

この他、運動することも大事です。

「酸化」と「糖化」を上手に抑えることで、「シンデレラ・エイジング」が可能となるのです。

◎更年期の不快な症状を軽くするには？

突然ののぼせ、ほてりなど。急に汗がワーッと出て来て人前で困ってしまった……。

最近イライラすることが多いような気がする……。

これらは更年期によく起こる症状です。更年期になると女性ホルモンが低下して、ホルモンのバランスが乱れるのです。

その結果、自律神経の調節がうまくいかなくなり、こうした不快な症状が現れます。

女性ホルモンは40歳前後から減り始めると言いましたが、もう少し詳しく言うと、30代後半から減り始め、40代になると急減します。この「急減」が不調を呼んでしまうのです。
ですから**女性ホルモンを急激に減らさない努力をすることで、不調を軽減できる**わけです。

私がおすすめしたいのは、「エクエル」（大塚製薬）というサプリメントです。この「エクエル」に含まれるエクオールという成分は、大豆イソフラボン以上に女性の更年期症状をサポートするといわれています。日本女性の50％は腸内でエクオールを作れませんが、サプリメントで補うことができるのです。毎日10ミリグラムを摂取することで、症状の改善が期待できます。

また女性ホルモンに直接働きかけるわけではないのですが、プラセンタ注射やサプリメントも更年期障害を軽減する働きがあるといわれています。

あまり症状が重い場合は、ホルモン補充療法（ＨＲＴ）という治療があります。ただホルモン治療には、長く続けると副作用があるともいわれています。

できるだけ軽いうちに、日々の努力で女性ホルモンの急減を抑えることが理想です。

更年期の諸症状は人によって違いがありますが、症状が重い人は本当につらいし、人知れず悩んでいる人は少なくありません。プラスアルファの習慣と対策で、つらい症状を緩和させてイキイキ過ごしたいものですね。

成長ホルモンが体脂肪を減らすしくみ

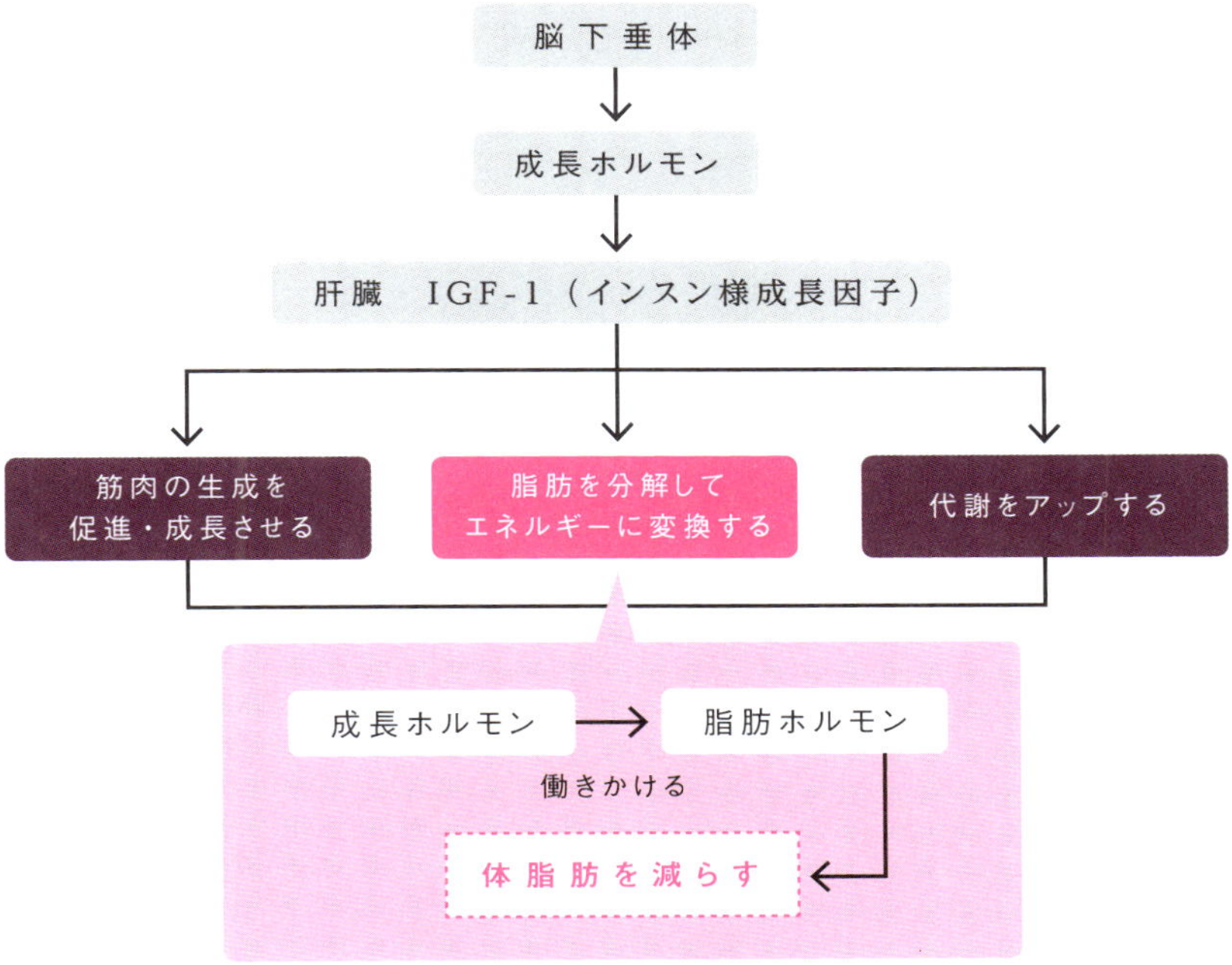

◎成長ホルモンで若さをキャッチアップ

夜間、睡眠中に集中的に分泌されるのが、成長ホルモン。成長ホルモンは、子どもの時だけに分泌されるものではなく、実は**一生出続けて、私たちの体のメンテナンスをしてくれる**のです。

たとえば日中、紫外線を浴びてダメージを受けた肌を、夜の間に修復、セルフケアをしてくれるのは成長ホルモンです。

そして、成長ホルモンは筋

肉の増強にも大きな働きをします。運動で傷ついた筋肉にたんぱく質を補給して傷を修復し、筋肉の量を増やしてくれています。

さらには、成長ホルモンには体脂肪を減らす作用もあります（P91参照）。体脂肪の分解をコントロールしている脂肪ホルモン（アディポカイン）に働きかけ、体脂肪を減らします。

この成長ホルモンが分泌される時間帯は、P67でも述べたように**夜の10時頃から午前2時頃。この時間帯にしっかり深く入眠していることで、成長ホルモンが最も活発に分泌されます。**

また、成長ホルモンはスイーツなどの甘いものや炭水化物、アルコールによって分泌が抑えられてしまいます。これらを摂っていいのは就寝する2時間前まで。連日、就寝間際までお酒を飲む……という生活ではシンデレラ・エイジングは遠のいてしまいますよ。

◎「しあわせホルモン」で毎日を楽しく

しあわせを感じるホルモン「オキシトシン」って知っていますか?

母親が赤ちゃんに授乳する時、仲間と「同じ釜の飯」を食べる時、恋人と愛情を深める時……、人の脳内では、「オキシトシン」が分泌されます。

オキシトシンが分泌されると、心が癒され、相手への愛情や信頼感を持ちます。「恋愛ホルモン」「女子力アップホルモン」という別名もあります。

なぜオキシトシンがしあわせ気分をもたらすかというと、気持ちを安定させる「セロトニン」という物質を分泌させ、さらにストレスを感じた時に分泌される「コルチゾール」というホルモンを抑える作用があるからです。

シンデレラ・エイジングのためには「オキシトシン」を味方につけることが必要不可欠です。ではどうしたらオキシトシンを増やすことができるかというと、方法はいろいろあります。

まずは人とのスキンシップ。子どもや旦那さん、恋人とのスキンシップはもちろんのこと、マッサージやエステなどで「心地いい」と感じた時にはオキシトシンが分泌されるのです。

またバラや柑橘系の香りをかいだ時、ペットと触れ合う時、1日の終わりに湯船につかってホッと一息という時もオキシトシンは分泌されます。

オキシトシンが増えれば、日々の生活で心が満たされ、アンチエイジングにも効果的。

ぜひ、オキシトシンを意識して「今、出ているな」と感じながら生活してみてくださいね。

枯れないオンナになる！《日常生活のレッスン》

◎「美魔女」を目指すのなら禁煙はマスト

タバコを吸う人は男女ともに減り続けていて、女性の場合、喫煙率は全年齢で10%以下です。ところが40代、50代女性に限ると喫煙率は14%を上回っていて、ここ数年では横ばい、または微増傾向にあります（JT全国喫煙者率調査）。

喫煙が体に良くないのは誰もが知っていると思います。お肌への悪影響はP41でも述べていますが、タバコは更年期障害に対しても悪影響を及ぼします。女性ホルモンの分泌を抑えて、更年期障害を増幅させる危険があるのです。

やはり、**シンデレラ・エイジングのためには禁煙を強くおすすめ**します。

禁煙は自力で行うととても大変です。医療機関には「ニコチンパッチ」「チャンピックス」などの治療法があります。ニコチンパッチは少量のニコチンを含む貼り薬、チャンピックスはニコチンを含まない経口薬で、これを飲むとタバコがまずく感じられます。

禁煙に苦しんでいる人は一度医療機関を受診されるといいと思います。中年期以前に禁煙すれば寿命が平均10年延びるというデータもあります。

今はタバコも高くなっていて、費用がバカになりません。タバコをやめた分をコスメやオシャレにまわしましょう。

◎目の老化にも注意！　キレイな瞳を保ちましょう

中高年になると、老眼やかすみ目、疲れ目など、目のトラブルも増えてきます。スマホの見過ぎによる若年層の「スマホ老眼」も急増しているようです。

目は外界に接しているため、紫外線や乾燥、大気汚染などに直接影響を受けてしまいます。またストレスも目にダメージを与えます。

ですから「目を守る」という意識を持つことがとても大事です。

まず紫外線はUVカット機能のある眼鏡やサングラス、あるいは日傘で守りましょう。

次に目にいい栄養をしっかり摂ること。各種ビタミン、ミネラルはもちろんですが、ルテインやアントシアニンといった成分が目にいいといわれています。これらは野菜や果物に多く含まれますが、手軽にサプリメントから摂ることもできます。

アメリカの大規模な試験で、ビタミンA、C、E、亜鉛と銅を組み合わせたサプリメントを摂取したところ、失明にもつながりかねない加齢黄斑変性の進行が抑えられたという報告もあるそうです。

ゆかりんビューティートーク 11

アイケアは血行促進を重視

私は視力が1・5ありますが、パソコンを長時間使った後は、さすがに目がかすみます。

そんな時には、自宅でできる目のエステ機器（パナソニックの目元エステ）で血行をよくしています。スチームで目元を温めてくれるので、目の疲れが取れて、とても気持ちいいですよ。

英語でも、「The eye is the window of the soul（目は心の窓）」という言葉があります。美しい瞳は言葉以上に訴えるものがありますね。

日々の努力で、いつまでも美しい瞳を保ってくださいね！

◎バスタイムでシンデレラ・エイジング

日本人は昔から温泉の効果を知り、入浴を親しんできた民族です。**入浴は、血行促進作用、リラクゼーション効果などでお肌や髪もツヤツヤにすることができ、アンチエイジングにも大いに効果的**です。

バスタイムで気をつけたいのは、体を洗う時にゴシゴシこすらないこと。お湯につかっただけで体の汚れはほとんど取れます。スポンジやブラシで強くこする必要はありません。ひじやかかとの黒ずみは週に1度程度、スクラブしましょう。そのあとは十分保湿をしてください。

疲れのある時は、みぞおちあたりまでつかる半身浴がおすすめです。上半身が冷えないように乾いたタオルなどを肩にかけるといいでしょう。

リラクゼーションのためには入浴剤などを気分によって変えて楽しんで。お風呂専用のキャンドルをお湯に浮かべてヒーリングするのもおすすめです。光の揺らぎ効果がリラックス度を倍増します。その後はぐっすり眠れますよ。

◎睡眠は「質」にこだわって……

寝ることは大切。現代人は睡眠時間が少なくなっていますね。でも睡眠時間が短い人は寿命も短くなる傾向にあるので注意したいもの。反対に多すぎても体にはよくなく、一般的には7時間がいいとされています。個人差もあるでしょうが……。私も6~7時間ぐらいです。

また**睡眠は時間も大事ですが、「質」も大事。**せっかく7時間寝ても、眠りが浅かったり、途中で何度も起きたりしてしまうと、体はきちんと休まりません。

睡眠の質を良くするためには、寝具にこだわることをおすすめします。婚家に来て驚いたのは、あまり布団にこだわるということがないんですね。気候のせいもあるのだと思いますが。

広島の私の実家では、祖母も母も布団をとても大事にしていました。定期的に布団を打ち直して、良いものを長く使うのが当たり前でした。それを見て育ったから、私もやはり寝具にこだわりがあります。

布団というと、掛け布団にこだわる人が多いようですが、知人の寝具卸しの社長さんが言うには、「布団は敷布団が大事」だそうです。

今は布団もいろいろ機能の高いものが出ているので、いくつか試して自分の体に合ったものを選びましょう。

その際、あまり安いもので済まそうとしないほうがいいと思います。高ければいいというものではないけれど、本当にいいものは安くは買えません。

少々値の張るものであっても、毎日使うものだし、良いものは何十年も使えます。それを考えたら高くないのではないでしょうか。華やかで寝心地が良くて安眠が得られるのですから、十分に元は取れると思います。

◎オトナ女子は冷えてはダメ！

若い頃はミニスカートに生足でも平気だったのに、オトナ女子になるとテキメンに「冷え」を感じますね。

また最近では「隠れ冷え」という言葉も。これは本人も自覚していない低体温のことです。

冷えは、内臓や筋肉の働きを悪くさせ、心筋梗塞や脳卒中などの生活習慣病のリスク要因となります。

また体温が低くなることで、免疫力が低下してインフルエンザなどの感染症にかかりやすくなる他、基礎代謝が低下して太りやすくなります。

冷えを予防するにはどうすればいいのか、3つのポイントにまとめてみました。

①筋肉量を維持する

筋肉は体温を作るために最も重要な働きをします。P112～115を参考に、筋トレやウォーキングなどを習慣にして、筋肉力を維持してください。

②栄養管理

筋肉量を維持するためにはたんぱく質の補給が大事。また鉄、マグネシウム、クロムなどのミネラルやビタミンの不足も低体温の原因になります。魚、肉などのたんぱく質、海藻類、海苔、ほうれん草などの緑黄色野菜を多く摂りましょう。

③汗対策

汗をかいてそれが蒸発する時、体から熱を奪います。特に冬場は暖房のきいた室内や満員電車で汗をかいた状態で、寒い外気に触れることで、汗が原因となる冷えが起こってしまうことが。

何枚も重ね着をするより、マフラーや帽子、手袋などで調節するのがコツです。

体が冷えた時には入浴が一番。中心まで冷えた体を温めるには、38～40度の湯に20分程つかりましょう。

知っておきたい《病気のレッスン》

◎家族や患者さんから学んだ病気の知識の大切さ

「40歳は老化の分岐点」と言いましたが、この頃から持病を持つ人ががぜん多くなります。

でも、基礎的な病気に対する知識がないため、重症化させてしまったり、倒れて病院に担ぎ込まれて初めて病気に気づくという人が本当に多いのです。

私は医療関係の仕事をしている家庭に育ち、父を胃がんで亡くしたこともあり、子どもの頃から病気の怖さを身近で学んできました。

また母からは、さまざまな病気の進行経過や患者さんやご家族の苦しみ、治療の大変さなどをよく聞かされて育ちました。

ですからうちではどこかしら異常を感じた時は、すぐドクターに診てもらうというルールが徹底していました。おかげさまで、実家の母は何度か病気にはなりましたが、体調の変化には敏感かつ慎重な対応をし、88歳の長寿を得ています。

現在、私は日々、職場で患者さんと接しますが、自分が当たり前だと思っていた「異変を感じたらすぐに病院に行く」という意識を持たない人が多いことに驚きます。「何故ここまで悪くなるまで放っておいたのか」という症例が本当に多くあります。

病気になるまでには、必ず兆候があり、体の何らかの変化、訴え、信号があります。

急に深刻な病気にかかる、ということはまずありません。体からの訴えを見逃し、放置してしまうと、ある日バッタリ倒れる、ということになりかねません。

そのためにも基本的な病気についての知識を持っておくことが大事です。知っているのと知らないのでは、対策を打つ姿勢に天と地の開きがあることを私は身をもって感じています。

ここでは生活習慣病の中でもぜひ知識を持っていただきたい、高血圧、糖尿病、脳卒中、心臓病についてごく簡単にご紹介します。

もっと詳しく知りたい人は、開邦クリニック、開邦研究所のＨＰをご覧ください。

①高血圧

中高年になると血管が弾力性を失い、血流が悪くなります。そのためにどうしても高血圧になりやすいのです。

上の血圧140㎜Hg、あるいは、下の血圧90㎜Hg以上のどちらか一方が当てはまると高血圧と診断されます。

高血圧は脳卒中や心不全や大動脈瘤、慢性心臓病、腎臓病、糖尿病、睡眠時無呼吸症候群などの原因になったり、認知症のリスクを高めることもわかってきています。

定期的に血圧を測ってチェックしましょう。また減塩を心がけ、血圧を上げない工夫をすることも大事です。

②糖尿病

糖尿病は、血液中の血糖値が多い状態（高血糖）が慢性的に続くことで、血管を傷つけてしまう病気です。血管が傷つくと、さまざまな合併症が起こります。神経障害、網膜症、腎症など。また狭心症、心筋梗塞など起こりやすく、こうした合併症が糖尿病の怖いところです。

進行すると喉が渇く、疲れやすい、重症化すると体重が減る、尿の回数、量が増えるなどの異常があります。

③脳卒中

脳卒中で亡くなる人は年間11万人以上といわれます。一命を取り留めた場合も、約7割に後遺症が残る怖い病気です。

脳卒中には脳梗塞、脳出血、くも膜下出血の3つの種類があります。いずれも突然起こる病気です。疑わしい症状が出たら一刻も早く救急車を呼んでください。時間との戦いです。前兆として現れるのは顔や手足がマヒする・しびれる、ろれつがまわらなくなる、ふらつくなど。

特に、脳梗塞の場合は、発症の前に、同じ症状が一時的に現れる、一過性脳虚血発作（TIA：Transient Ischemic Attacks）が起こる場合もあります。

短時間で、詰りが溶けて血流が再開し、自然に治るのですが、その3～4割が、その後に脳梗塞を発症します。放置しないで、その日のうちに救急病院へ。

④心筋梗塞

心筋梗塞は代表的な心臓病。心臓に血管が詰まって、心筋が壊死してしまい、治療しても回復しません。

その前段階が狭心症で、心臓の血管が狭くなり、心臓に送られる血液の量が少なくなる状態です。この段階で治療をすることが肝心です。

狭心症の主な症状

胸の圧迫感

- 数分間〜10分ほど続く
- 運動時や興奮時に起こりやすい
- 圧迫感の程度や起こる状況によっては、危険なものがあるので注意
- 血液のけいれんが原因の場合、安静時の夜〜明け方に起こりやすい

特に注意が必要な症状

↑

不安定狭心症の疑いあり

- 発作の回数や強さ、持続時間が一定ではない
- 軽い運動や安静時に発作が起こる

出典：『健康ダイエット 肥満が招く11の病を防ぐ』（NHK出版）より一部改変

サインとしては、運動したり、興奮した時、安静においても胸が締めつけられるような痛みや圧迫されるような痛みが出ること。

痛みは、数分間から10分間ほどで収まりますが、自覚症状があった場合はすぐに受診しましょう。なお、15分たっても胸の痛みが収まらない場合は、心筋梗塞が疑われるのでただちに救急車を。

メリハリボディをメイクする《筋トレのレッスン》

◎「若さ」の最大の秘訣は「筋力」！

どんなにいいコスメを使って、ステキな服を着てオシャレをしても、肝心の体がおばさん体型だったり、女性らしい体つきでなかったら決まりませんよね。

「やせたい！」「細くなりたい！」という人は多いと思いますが、やせているだけでは魅力的な体つきとはいえません。たおやかな美しい曲線と、締まるところは締まっているメリハリボディが理想です。

中高年になるとだんだんバストが垂れてきたり、お腹が出てきたりして、ぼんやりしたラインになりがち。でも年齢を経てもメリハリボディを維持していると、「若いね！」と言われます。

ではどうしたら**メリハリボディをキープできるか**というと、そのために欠かせないのが**「筋力」**なんです。

筋肉がつけば、新陳代謝が良くなってやせるし、ウエストや二の腕、お尻などが締まってメリハリがつきますよ！

◎40歳を過ぎたら、なにはなくとも「筋トレ」を！

残念ながら年齢とともに筋力は衰えていってしまいます。何もしないでいると、筋肉量は1年で1％ずつ減っていくそうです。

でもあきらめる必要はありません。3ヶ月間スロートレーニングを続けると、筋肉量が5％アップするというデータが出ています。ということは、3ヶ月で筋肉年齢が5歳若返ったことになるわけです。

ですから、生涯、現役でいたいなら、何はなくとも筋肉が大事です。40歳を過ぎたなら、衰えを感じなくても筋トレを始めましょう。

たとえ、何歳から始めても筋トレは効果があります。もちろん、筋肉は1日では増えません。毎日コツコツ、トレーニングすることで確実に筋肉量を増やします。

◎私のエクササイズメニューを公開

私の場合は次のようなエクササイズを生活に取り入れています。

まず朝は全身ストレッチを10~15分行います。ストレッチはもう毎朝の習慣で、無意識に体が動いています。20代の頃からの習慣でもう30年以上やっています。低血圧なので、起きてそのままますぐは動けないため、始めたものです。

1年間で約91時間、30年で約2737時間。自分でもびっくりです。でもまさに「継続は力なり」で、開脚はほぼ180度できますし、体は柔軟です。柔軟であることは女性らしい体つきの基本だと思っています。

仕事が終わって帰宅し、家事がひと段落したら、スロージョギングをしています。15~20分ぐらいです。以前は犬の散歩も兼ねてウォーキングをしていたのですが、もう少し体力をつけたいと思ったのでスロージョギングにレベルアップしました。

最初は少しずつ走って、疲れたら歩くというようにしていたのですが、続けるうちに自分なりに走れる距離が伸びてくるし、走る速度も速くなってくるんです。そうなると楽しくなります。もちろん疲れている時は無理をせず、歩く時間を多くします。

わざと肩甲骨を動かすようにしてジョギングをしていると、肩こりも取れるし、デスクワークの精神的な疲れが取れます。だから走った後は身も心も爽快。

休みの日に「疲れた」からとダラダラ過ごすより、**軽く体を動かしたほうが疲れが取れる**んです。疲れているからこそ走るんです。

みなさんも、ぜひウォーキングやスロージョギングを日常に無理なく取り入れてみてくださいね。

◎筋トレで実感した「すごい効果」

それから最近になって始めたのが、レジスタンス運動（筋トレ）です。レジスタンスというとなにか難しそうなイメージがあるかもしれませんが、「膝つき腕立て伏せ」や、「ニートゥーチェスト」、「ダイアゴナルバランス」、「股関節トレーニング」など、特別な器具は必要なく、自分の体のみを使ってゆっくり行う「ゆる筋トレ」です。

これだと「筋肉モリモリ」という感じではなく、ほどよく筋肉がついて体が締まるので、女性にはおすすめです。実は、筋トレはゆっくりした方が効果的というデータもあります。

なかでも「股関節トレーニング」は体幹が鍛えられるので、美尻や美脚にも効果がありますよ！

私がなぜ、ゆる筋トレを始めたのかというと、年々仕事が忙しくなる中で、もう少し筋力をつけないといけないと痛感したからです。

私はもともと体質的にやせ形で、筋肉がないのが弱点でした。だから筋トレしても効果があるのか心配だったのですが、驚くべきことに、2週間ですでに目に見える効果がありました。

まず、体力がついて疲れにくくなったこと。それから肩こりが治りました。1日パソコンをたたいても翌日には回復しています。肩こりが治り、疲れにくくなることで、仕事の効率も上がりました。

たった2週間でこんなに効果が実感できたのはうれしい誤算でした。その後もずっと続けていますが、これ以外にもこんな効果がありました。

- 体幹がしっかりしてきて、立ち仕事をしていてもつらくなくなった
- 腹筋、大腰筋がついてきて、お腹の脂肪が落ちた
- 股関節が安定し、坐骨神経の痛みが取れた
- 「背が伸びた？」と聞かれるようになった
- バストアップした
- 疲れにくくなり、疲れても回復が早い

ゆる筋トレで筋肉量はアップする

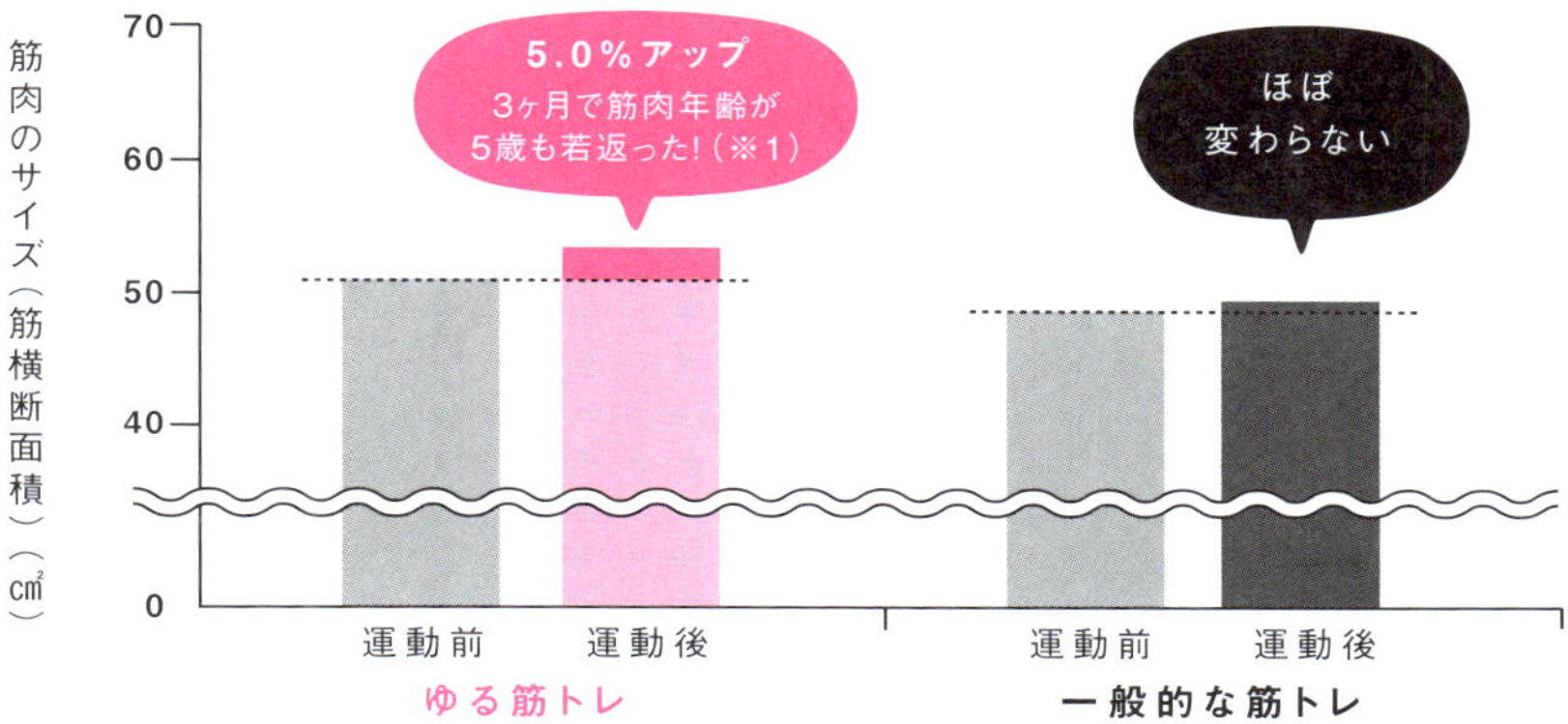

※3ヶ月、ゆっくりとしたゆる筋トレと、同じ負荷でテンポの速い一般的な筋トレ効果（筋肉量）を比較。※平均年齢70歳のグループで実施されたもの。　※（注1）筋肉量は1年で1%減るといわれるため、3ヶ月で5.0%アップなら筋肉年齢が5歳若返ったことになる。（Watanabeら,2013）

出典：『"筋力アップ"で健康 今からでもできる！「動けるカラダ」づくり』（NHK出版）より一部改変

・入眠が早く、熟睡できるようになった

オトナ女子は仕事が忙しく、フィットネスジムに通ったり、一定の時間を取って運動するのはなかなか大変です。

でもここで紹介したエクササイズなら、器具もいらないし、生活の中でちょっとの時間を見つけて行うことができます。おまけにお金もかかりません。誰でも、今日からでも取り入れることができます。

ただし、中高年は持病を持っている人も多いので、そのような場合はドクターに相談しながら行ってくださいね。

膝つき腕立て伏せ

ポイントは、肩甲骨を寄せて、息を吸いながらゆっくり体を倒していくこと。
立って壁に手を突いて行う「壁つき腕立て伏せ」でもいいです。
＊各トレーニングは10回ずつ行い、週2回以上が目安です。

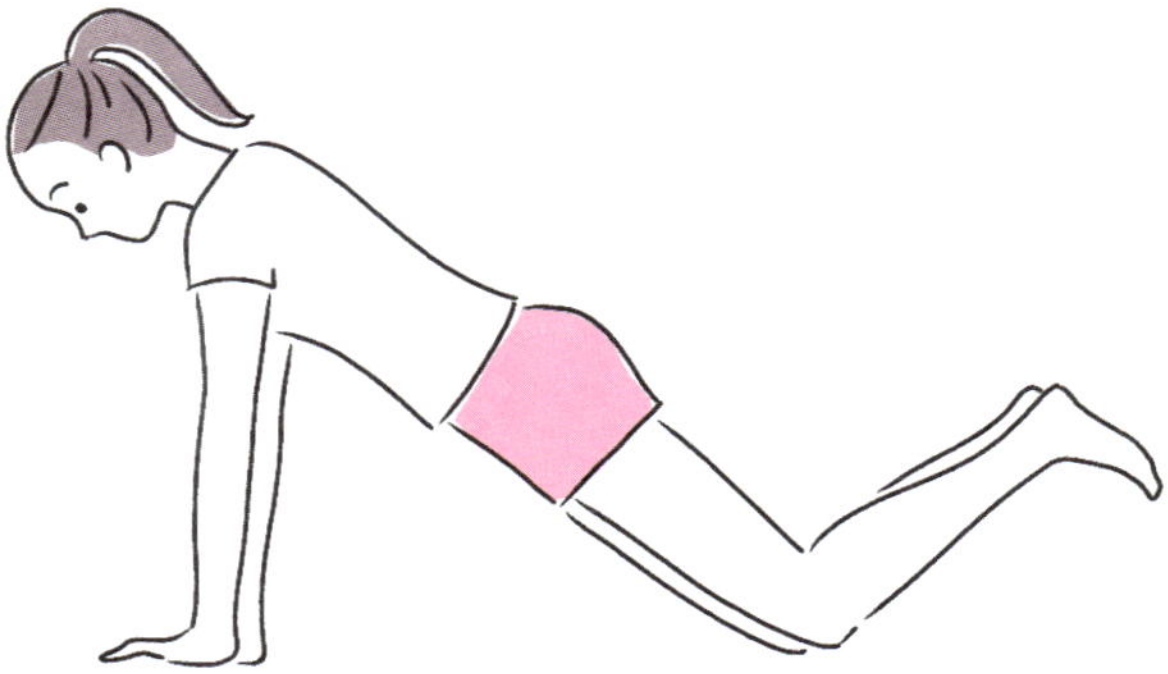

❶ 両手と両膝をつき、背中をまっすぐ伸ばす

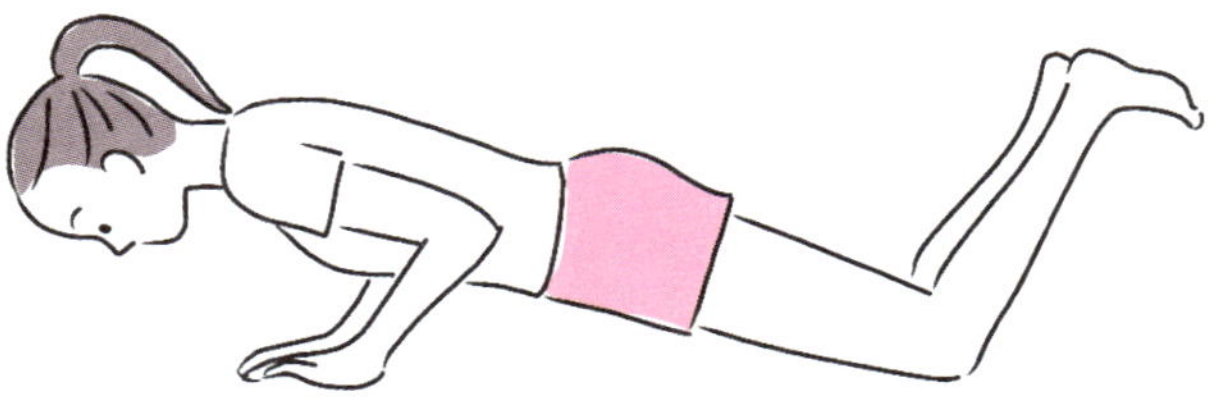

❷ 息を吸いながら3 ～ 5秒かけて両手を曲げ、
息を吐きながら3 ～ 5秒かけて戻す

ニートゥーチェスト

お腹の体幹に効くトレーニングです。
両脚だけ引き寄せないよう、お腹を意識して行いましょう。

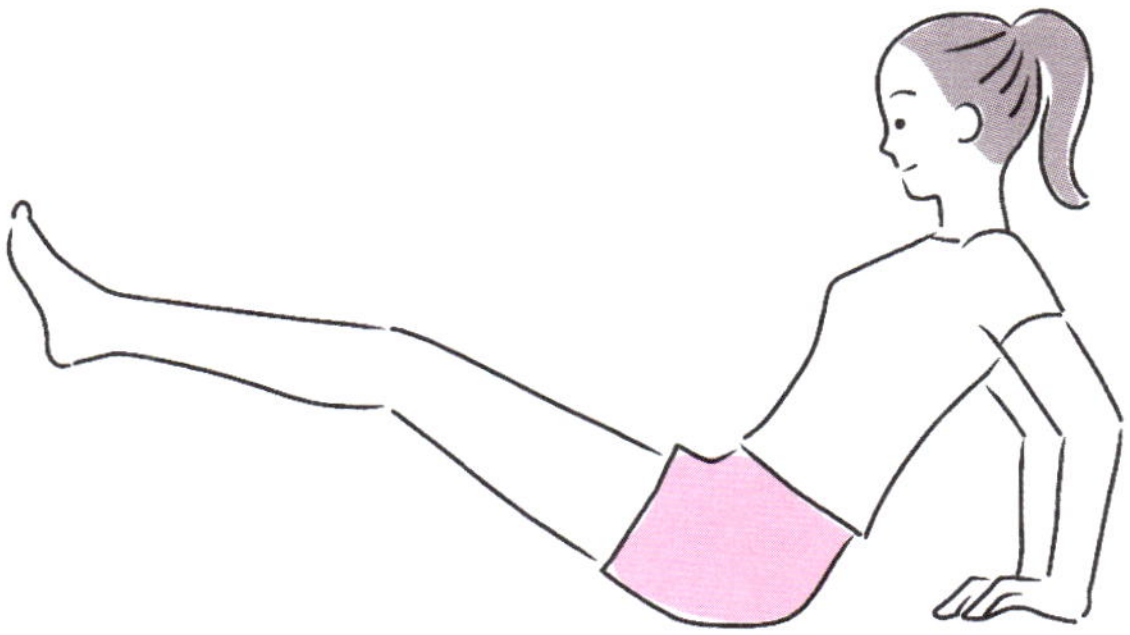

❶ 上向きになり、両手で上半身を支え、脚を少し浮かせる

❷ 息を吐きながら3 ～ 5秒かけて太ももとお腹を近づける。
息を吸いながら3 ～ 5秒かけて戻す

ダイアゴナルバランス

ポイントは、足と手の組み合わせを間違わないこと。
右手と左足、左手と右足がセットになります。

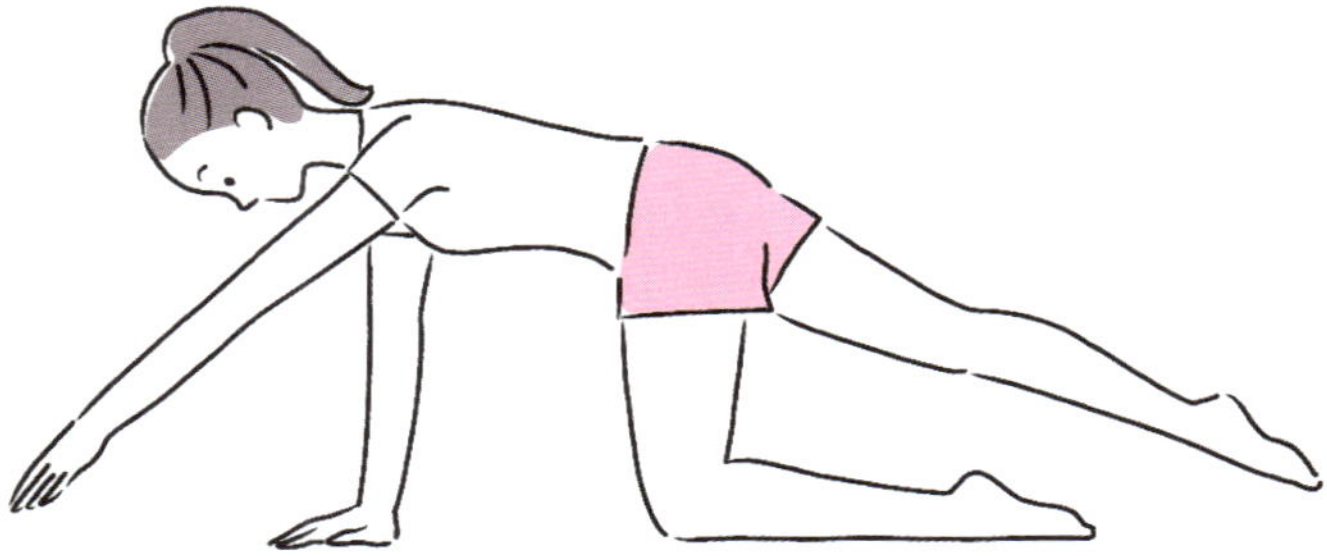

1 まずは、右手と左足から。右手と左膝を床につけ、
左手と右足は浮かせた状態からスタート。

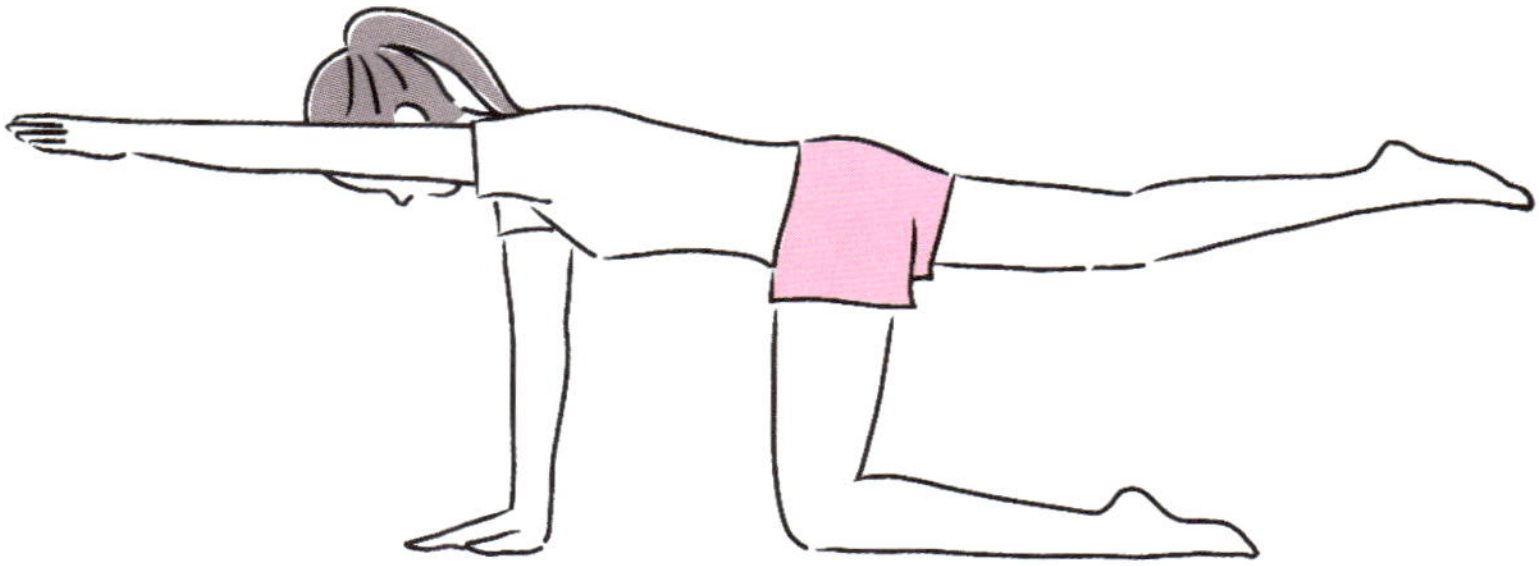

2 息を吐きながら3 ～ 5秒かけて右手と左足をゆっくり上げ、
息を吸いながら3 ～ 5秒かけて戻す。左手と右足も同じように行う。

股関節トレーニング

体幹が鍛えられ、股関節も安定するので、
下半身のシェイプアップに効果があります。

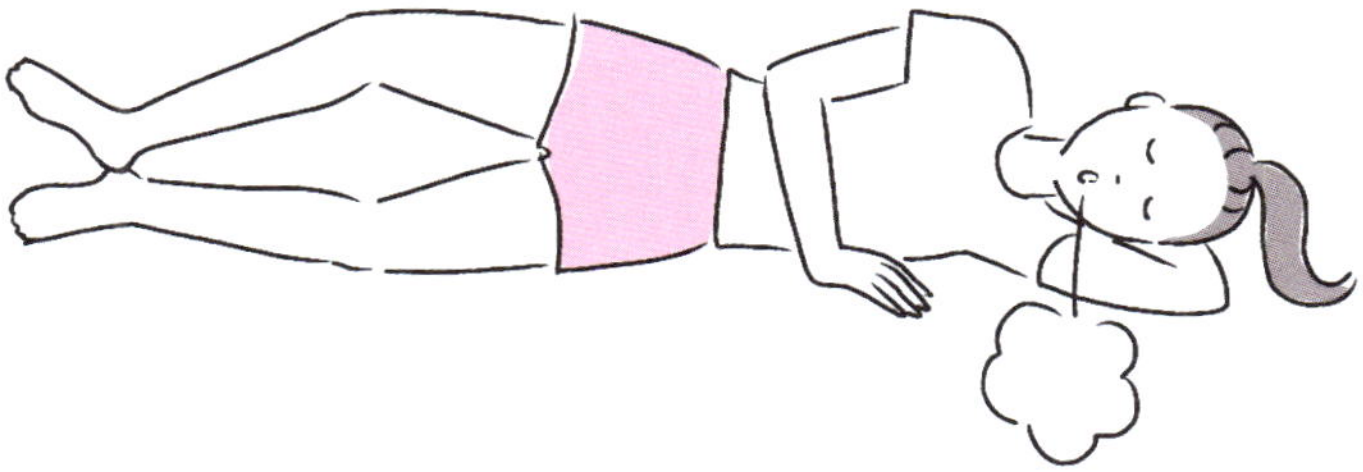

❶ 両脚のかかとはつけたまま、
息を吐きながら3 ～ 5秒かけてひざを開く。

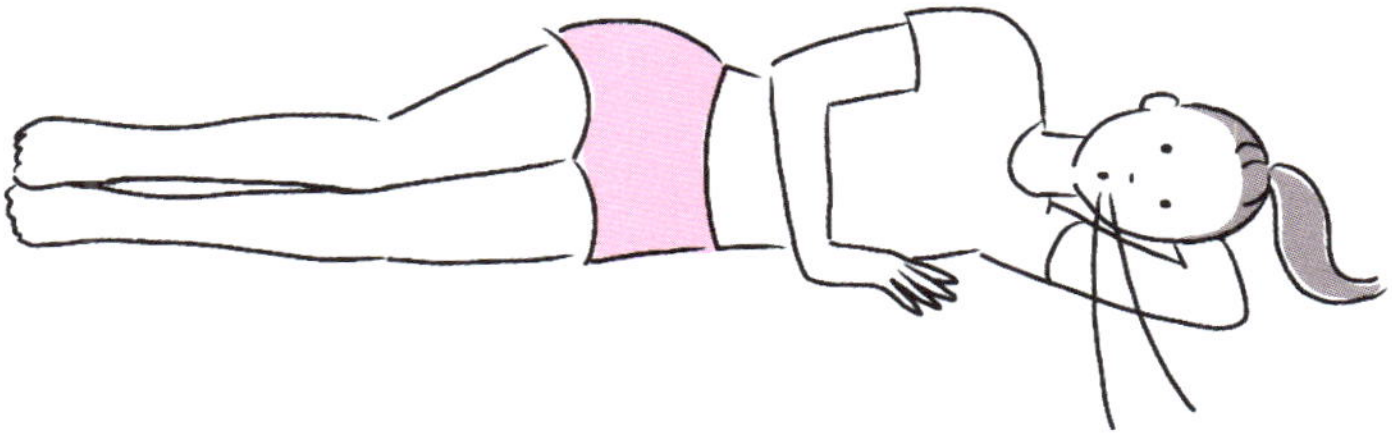

❷ 息を吸いながら3 ～ 5秒かけて戻す。

ゆかりん
ビューティートーク
12

未来のために走る！

私の場合、紹介したストレッチ、筋トレ、スロージョギングが毎日の習慣になっていますが、どれも行った後は気分が爽快になり、ストレス解消にもなります。

ジョギングも、疲れている時は足が重いですが、走り終えると、血行が良くなりスッキリします。もやもやも吹き飛んで、精神面にも良い影響があります。雨が降って、走れないと体が重く感じたりします。

「毎日の習慣」にしてしまえば、意識しなくても自然に体が動くようになるんです。良き習慣をどれだけつけられるかで、あなたの未来は変わります。

私がスロージョギングに出かける前に自分に言い聞かせる言葉は「走るよ、未来のために！」です。

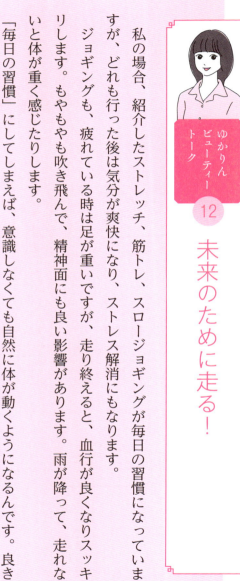

PART

5

細胞をよみがえらせるアンチエイジング食

細胞から若さを保つ《食事のレッスン》

◎食べ方の基本

若さと美を保つために食事はとても重要。食事というとみなさん、低カロリーのものを選ぶ、スーパーフードを取り入れるなど、「トピック」に走りがちです。

でも**一番大事なことはきちんと栄養のある食事をするということ**です。基本的なことかもしれませんが、次の要点を押さえておきましょう。

①まずは自分のカロリーを計算しましょう

たとえば、157㎝　54kg　主婦Aさんの場合。

次ページから適性体重を計算すると……

157×157×22＝54

Aさんは軽い身体活動に当たり、適正体重は54kgなので、

25キロカロリー×54キログラム＝1350キロカロリー

自分に合った1日あたりのカロリーの計算のしかた

BMI＝体重kg÷（身長m）^{2}
エネルギー摂取量＝身体活動量×標準体重
標準体重（kg）＝［身長（m）×身長（m）］×22

身体活動の程度	標準体重1kあたりのエネルギー量
軽い（デスクワークが主な人）	20 ～ 30kcal
中等度（立ち仕事が多い職業）	30 ～ 35kcal
重い（力仕事が多い職業）	35 ～ 40kcal

30キロカロリー×54キログラム＝1620キロカロリー
1350キロカロリーから1620キロカロリーの間で食事をすればいいことになります。
どうですか？　若い頃と比べて必要摂取カロリーはグンと落ちます。だいたい就学前の5、6歳の幼児の摂取カロリーと同程度です。

②炭水化物、たんぱく質、脂質の3大栄養をバランス良く摂りましょう

炭水化物は総エネルギー量の55～60％、たんぱく質は15～20％、脂質は25％以下に抑えるとバランスの良い食事になります。

③食物繊維をしっかり摂りましょう

野菜、海藻、きのこ類を合わせて1日に350グラムを目標に摂りましょう。350グラムというと、結構な量です。具体的に350グラムの野菜とは、どのくらいでしょう？　1日に小皿や小鉢に入った野菜料理を5皿食べると、覚えておくとよいです。

1皿はだいたい70グラム。大皿に盛られた料理なら、小皿2杯分とカウントします。1日3食のうち、毎回2皿分ずつ食べるようにすると、6皿になるので、1日350グラムはクリアできます。

ほうれん草のおひたし、ポテトサラダ、かぼちゃの煮物など、小皿や小鉢を1皿とカウントすると続けやすいですね!

◎細胞から若返る「抗酸化」

P88で老化の原因は「酸化」と「糖化」であると述べました。糖化を食い止めるためには糖質の多いものを食べすぎないこと。**酸化を抑えるには「抗酸化食品」を食べることがとても大事**です。ではどんなものを食べればいいのでしょうか?

栄養素でいえば、**ビタミンA、C、E、ベータカロテン、ファイトケミカル**。野菜や果物、穀類などの苦味や色素、匂い成分などに含まれている成分ですが、強い抗酸化作用があります。ポリフェノールもファイトケミカルの一種です。

これらが含まれている食材は、野菜、果物、豆類、海藻類、お茶、ハーブなどです。

私のおすすめの野菜は、**ブロッコリー**。手に入りやすく、**抗酸化、抗がん効果、生活習**

抗酸化物質を含む食材

出典：『100歳までボケない101の方法―脳とこころのアンチエイジング』（文藝春秋）より一部改変

慣病予防など、万能選手の野菜です。

◎魚からDHAを摂って健康に

「和食」は、ユネスコの無形文化遺産に登録されるほど価値が認められています。また「ヘルシーフード」として世界的な人気を集めています。

和食の中でも特に評価されているのは「魚」です。魚にはDHA、EPAという成分が含まれていて、血液サラサラ効果、記憶力や集中力を保つ効果、認知症の予防効果やメタボ予防効果があり、さらに、アレルギーを抑え、内側からお肌の状態を改善します。中高年の健康維持にはうれしいことばかり。

ぜひ、魚を毎日食べましょう。どうしても魚が苦手、調理が面倒という場合はサプリメントで補うのもいいと思います。

◎亜鉛不足は老化を招く！

あまり意識しないかもしれませんが、実は、亜鉛はオトナ女子の食生活には欠かせない栄養素。というのも、私たちが若さを保つためのさまざまな機能を担っているからです。

亜鉛の働きは免疫力をアップさせたり、糖の代謝を促進したり、DNAやたんぱく質を合成する働きをしたりと、本当に多彩。にもかかわらず、不足しがちな栄養素なのです。
亜鉛が多く含まれる食品を意識して多く摂りたいものです。

亜鉛が多く含まれる食品

牡蠣、煮干し、パルメザンチーズ・プロセスチーズ　豚レバー・鶏レバー、たらこ、卵黄

ゆかりん
ビューティー
トーク
13

私の必殺！　亜鉛摂取法

私が実践している亜鉛摂取法は、①毎日の味噌汁には煮干でだしを取る、②サラダのトッピングに、食塩がついていないアーモンドやカシューナッツ、ゴマなどを利用する、③牡蠣缶やカニ缶を利用する、です。

広島出身の私にとっては、煮干からだしを取るのは子どもの頃から慣れ親しんでいること。毎日の味噌汁でカルシウムも摂れるので一挙両得です。

アーモンドなどナッツ類はたくさん摂るとカロリーも高いので、サラダのトッピングに。ビタミンEが豊富で美肌効果もあるので、いつもストックしています。

そして、牡蠣の缶詰も広島の特産品。季節を問わず牡蠣を摂取できるし、なによりおいしいです。通販でも手に入るのでぜひ、試してみてくださいね。

◎オトナ女子が摂るべき油、避けるべき油

油はコレステロールを上げるし、カロリーが高く、太る原因になると思い込んでいる人は多いと思います。

でも油にも種類があります。**中高年にとって、「良い油」を摂ることはとても大事なこと。**油を摂らないとお肌もカサカサになってしまうし、若さを保てません。「シンデレラ・エイジング」のためには、良い油を積極的に摂る必要があります。

では良い油とはどのような油でしょうか。それはズバリ、**オメガ3脂肪酸系と、オメガ9脂肪酸系の油**です。中でもα・リノレン酸やオレイン酸がおすすめです。

良い油と悪い油の見分け方

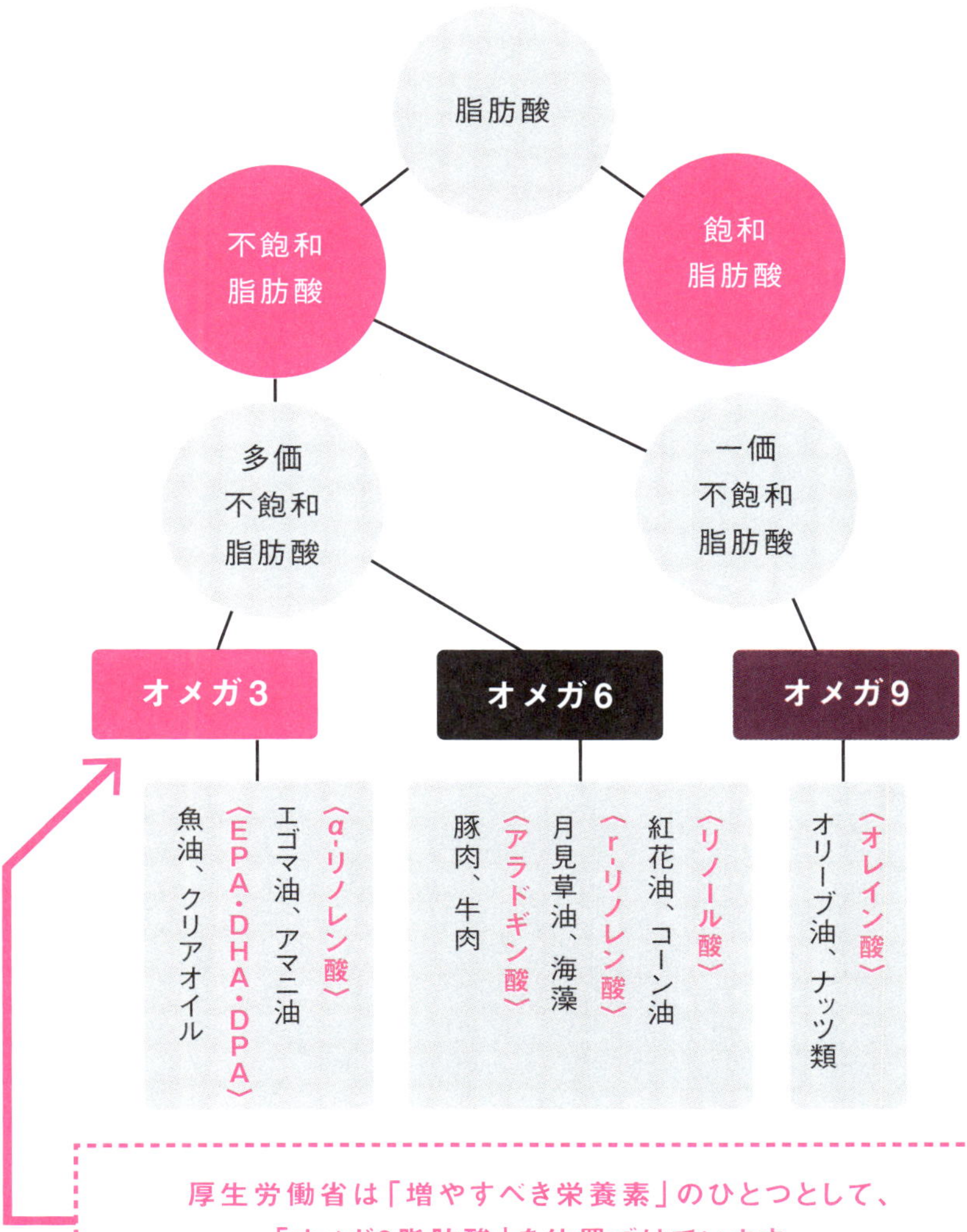

厚生労働省は「増やすべき栄養素」のひとつとして、
「オメガ3脂肪酸」を位置づけています。

オメガ3脂肪酸系の油は、細胞や組織の変質を防ぎ、中性脂肪を減らす作用があるので、疲労を軽減し、乾燥肌を改善して、疲れた免疫機能の働きを良くします。

肥満や糖尿病の予防だけでなく、動脈硬化や心筋梗塞、認知症を予防する効果があるなど、オトナ女子の強い味方です。

エゴマ油、アマニ油、エキストラヴァージンのオリーブ油、大豆やかぼちゃの種、クルミの油、魚油に多く含まれています。またP122で述べているイワシやサバなどのEPA、DHAもオメガ3脂肪酸の仲間です。

一方、**避けたい油は「オメガ6脂肪酸（リノール酸）」と「トランス脂肪酸」**。オメガ6脂肪酸は、サラダ油、ひまわり油、コーン油、大豆油などに含まれます。これらはもともと健康を保つ上で必須の油ですが、油料理の多い現代では、普通に食事を摂っていても、過剰摂取気味になってしまうのです。

トランス脂肪酸はマーガリンやショートニングなど、人工的に作られる油に多く含まれます。動脈硬化や心筋梗塞のリスクを高めるといわれています。トランス脂肪酸はマーガリンやショートニングを使った加工食品にも含まれているので注意。

油を見極めることもシンデレラ・エイジングの秘訣。

血液サラサラのインナービューティで美肌を目指しましょう。

美を損なわずにやせる！《ダイエットのレッスン》

◎30年間体重が変わらない私の食事法

私は157センチ、47キロ。これは高校時代から30年以上変わっていません。上半身は9～11号、下半身は7号か9号。スリーサイズも30年間、ほぼ同じサイズをキープしています。

取材などでも「どうやってスタイルを保っているのですか？」と聞かれることも多いのですが、特別なことはしていません。

まず3食はきちんと規則正しく食べます。外食はほとんどしません。

基本は家でバランスを心がけた食事をいただきます。魚が中心で、肉は食べないわけではないのですが、多くは摂りません。揚げ物はめったにしないし、加工品も使いません。

野菜、果物は豊富にいただきます。食事の際には、野菜から食べる「ベジファースト」を実践しています。

塩分は極力控えめにして、サラダもドレッシングを少しかける程度。マヨネーズの代わりにアマニ油を使ったりします。お刺身の醤油も少量を別皿で。味噌汁はいりこと昆布でダシをとって、市販の顆粒だしは塩分が多いで使いません。

気をつけているのは暴飲暴食を避けること。私は胃が強くないし、父も母も胃がんになっているので、胃に無理をさせないように常に心がけています。刺激物は摂らないし、お酒も飲みません。ちなみにピロリ菌も除去しています。

お酒も以前は飲むこともありましたが、次の日がしんどいというか、頭が働かないのでやめてしまいました。やっぱり経営をしていると責任があるので、翌日の予定がこなせないようでは支障が出ますし、重要な判断もできなくなります。それですっぱりやめました。

こんな感じで自分ではごく自然にやってきたことですが、人に聞かれたり、取材にお答えしていると、それなりに工夫をしているのかなと思います。

食事は主人もかなり気を使っています。医師として患者さんに食事指導をする際に、自分が太っていては説得力がないですから（笑）。

◎元気の源は沖縄のシークワーサー

自宅では毎日朝晩、シークワーサーをしぼって飲んでいます。主人の実家の庭にいっぱいなるので、それを取ってきて、主人がグーッとしぼってくれて、水で薄めてシークワーサージュースにします。

あまり多く取れる時は、はちみつ漬けにして瓶で保存します。そのまま割って飲んだり、ホットドリンクにして飲んでもおいしいです。はちみつ漬けはレモンでも作ります。私の大好きな常備品です。

シークワーサーが取れない時期は濃縮ジュースを買ってきます。沖縄ではいろんなメーカーのものがあります。

シークワーサーはクエン酸たっぷりで疲労回復にもいいし、高血圧にもいいといわれています。ビタミンCも豊富なのでお肌にもいいですよね。

シークワーサーは私の元気の源かもしれません。

でもシークワーサーに限らず、レモンや柑橘類は同様の働きを持っているので、ぜひみなさんも取り入れてはどうでしょう。

◎やせるための7つのコツ

「やせたい」という人は多いのですが、中高年にもなると体重を落とせばいいというものではなくなります。体重が減ったのはいいけれど、筋肉が落ちて、顔はげっそり、お肌はガサガサ……では困ります。

なにより大切なのは健康的にやせること。以下、開邦クリニックで指導している「やせるための7つのコツ」をご紹介します。

①肉より魚を摂る

一般的に肉より魚の方がローカロリー。魚はP122で述べたように脳の健康にも欠かせません。

②歯ごたえのある調理法を

しっかり噛むことで少量でも満腹感が味わえます。材料を大きめに切るのもいい工夫。

③脂や油の摂取量を減らす

脂身は高カロリー。なるべく減らす工夫を。肉はバラ肉やロースよりヒレやモモ肉を。

④上手にかさ増しする

ご飯を炊く時に刻んだシラタキを入れたり、ハンバーグは豆腐などでかさ増ししましょう。

⑤「置き換え」でカロリーダウン

ご飯の代わりに豆腐やおからで置き換え。大豆に含まれるイソフラボンは女性ホルモンの分泌を活発にしてくれます。

⑥調理法を工夫

テフロン加工のフライパンでなるべく油を使わない工夫を。ダイエット中でも揚げ物が食べたい！　という人は、油を使わずに揚げ物ができるノンフライヤー器具を活用してみて。唐揚げは皮のないものを使うとよりカロリーダウンに。衣の代わりにあられを砕いてまぶして焼いてもOK。

⑦ゆっくりと時間をかけて食べる

食べるのが早い人ほど肥満度が高いという統計が出ています。ゆっくりよく噛んで食べましょう。

また、肥満気味の人に気をつけてほしいことについてもまとめておきますね。

肥満気味の人が気をつけてほしいこと

- ♥バランスの良い食事を心がける
- ♥腹八分目を心がけ、食べ過ぎない

♥間食しない（どうしても食べたい時はカロリーの低いものを）
♥「ベジタブルファースト」（野菜を先に食べる）
♥夜遅くの食事は避ける
♥アルコールは適量を心がける（ビールなら中瓶1本、日本酒なら1合程度）
♥糖分の高いジュースなどを控える
♥運動する習慣を身につける
♥体重を測ったり、鏡で全身をチェックする

◎BMAL1を頭に入れておけば太らない！

人には「体内時計」があるとされますが、それには「BMAL1（ビーマルワン）」という遺伝子が深くかかわっています。

このBMAL1は、脂肪を溜め込む命令を出しています。1日の中で増減があり、日中は少なく、夜に多く作られます。このため、夜遅くに食事をすると脂肪を溜め込みやすくなるのです。

BMAL1の急増する時間は9時からで、夜中の2時頃に最大となります。この時間に

理想のダイエットの三本柱

1
筋トレ
太りにくい体を作る、保つ

2
バランスのよい食事
食べ過ぎ、筋肉の栄養不足を防ぐ

3
有酸素運動
効率よく脂肪を減らす

これだけでもOK

・筋トレだけ行う
・有酸素運動に筋トレに加える

NG！やってはいけない

・食事制限だけのダイエット

出典：『"筋力アップ"で健康 今からでもできる!「動けるカラダ」づくり』（NHK出版）より一部改変

食事をするのはなるべく避けましょう。

◎エクササイズを取り入れると効果倍増！

ダイエットは食事だけでは効率がよくありません。やはり、運動を組み合わせることで効果が早く出ます。

エクササイズにはウォーキングやスロージョギング、水泳などの有酸素運動と、筋トレに代表される無酸素運動があります。

有酸素運動は脂肪を燃焼させる効果があり、無酸素運動は筋肉をつけることで太りにくい体を作る効果があります。筋肉量を1キロ増やすと1日あたり50キロカロリーを多く消費します。それだけで1カ月で約1500キロカロリー、1年では1万8000キロカロリーとなります。それだけで2・5キロ体重が落ちる計算になります。

「食事」、「有酸素運動」、「筋トレ」の3つの柱がそろうのが理想のダイエットだといえます。前章を参考に、運動も適宜取り入れましょう。

◎糖質制限ダイエットの効果は？

糖質（炭水化物）を制限するダイエット法が注目されています。

ご飯、パンなどの主食や甘いものを抜いて、肉、魚、野菜（糖質の少ないもの）についてはカロリーや量を考える必要はなく、お腹いっぱい食べていいというものです。

しかしそうはいっても、主食を食べないとやはり満足感がないし、女性は甘いものも少しは食べたいですよね。

炭水化物を制限したことで、一時的にやせても、結局リバウンドしたというパターンも少なくないようです。

炭水化物は腹持ちがしやすく、食べすぎを抑える効果もあります。量を控えめにすれば問題ありません。夕食のご飯を控えるだけでも、効果が期待できるので極端な制限はＮＧ。

また甘いものも無理に我慢するのではなく、**温かい飲み物と一緒に少量をゆっくり**と食べましょう。

砂糖には、しあわせホルモンと呼ばれる脳内のセロトニンを一時的に増やすことに加え、血糖を上げて気分を高揚させる作用があります。

コーヒーやお茶の香りにも気分を和らげる働きがあり、相乗効果が期待できます。

ゆかりんビューティートーク

14

お取り寄せで全国の新鮮な魚や野菜を味わえるしあわせ

私は野菜、魚についてはお取り寄せをフルに活用しています。今は全国からフレッシュな野菜や果物、魚を配送してもらえるのですから、本当に便利です。沖縄にいながら、北海道や石川県の新鮮な魚介類、伊豆半島の取りたて野菜が食べられます。

新鮮な野菜は本当に味つけもいらないぐらいおいしいです。トマトなんかビックリするぐらい甘くて、ただ切るだけで「ごちそう」です。スーパーの野菜とは比べ物になりません。

仕事をしていると買い物に行く時間もなかなか取れないのですが、お取り寄せはその手間も節約できます。

ふるさと納税もよく利用します。産地でしか味わえない大ぶりな魚介類や新鮮な野菜、果物など、ふるさと納税の返礼品は、心がこもったものが多いです。

写真は、南伊豆の野菜です

PART

6

「美」を維持するためのマインドセット

「静かな時間」でストレスケア《心のレッスン》

◎ゆったり時間の大切さ（禅定）

年齢とともに「美」を増やしていくシンデレラ・エイジングのためには、「心のゆとり」も大事です。

大企業の産業医によると、45歳以上の社員の約3割はうつ病にかかっているそうです。現代人はみんな忙しくて心のゆとりをなかなか持てません。ましてや中高年となると、仕事で責任のある立場になるし、家庭のことなどプライベートなことでもいろいろストレスがあると思います。

だからこそ、忙しい毎日の中で少しでも「静かな時間」を持ちましょう。仏教用語では「禅定」です。

週末に森林浴に出かけるとか、半日休みを取って温泉に行くといったようなことでもいいと思います。

そうして静かな時間を過ごしてみると、気になっていたことの解決法が浮かんだり、長期的な戦略が考えられたりと、「いい思考」が生まれます。

◎ストレス・マネジメントを怠らない

みなさんも日々、ストレスを感じていらっしゃると思います。私自身も病院経営に携わり、日々責任を感じています。年々やることが多くなるのに1日の時間は同じ。「これだけのことをどうやってこなすか」というプレッシャーとの戦いです。

でもストレスを溜めたまま、ガムシャラに突っ走るのは恐ろしいことです。

私は経営者の集まりに行くことが多いのですが、みなさん激しいストレスを抱えておられます。その結果、ほとんどの人が持病を持っているし、倒れた経験がある人も少なくありません。

うつや片頭痛などストレスが原因で引き起こされる病気は多くありますし、がんや心臓病などもストレスが関係しているとされます。

ストレスをどう解消するか、つまり**「ストレス・マネジメント」に対して、私たちは真剣に向き合わなければなりません。**

ストレスを甘く見ていると、本当にあとが怖いです。

まず日々の仕事がデスクワークなら、週末にはアクティブに体を動かして過ごしましょう。体を動かすと頭をからっぽにできます。これはとてもいいストレス解消です。

一方、日々の仕事が体を動かす仕事なら、週末は静かに、心穏やかになるような過ごし方をしてみましょう。読書や瞑想系のリラクゼーションなどがおすすめです。

また、日常から離れるために、普段とはガラリと環境を変えてみることもいいと思います。都会に住んでいる人なら田舎に、山に住んでいる人なら海に、というように。**日常から離れるには100キロ以上離れると効果的**だといいます。

そうやって自分の生活を客観視できる空間、時間を時折取るとリフレッシュできます。

「そんな時間は取れない」と思うかもしれませんが、これはもう強制的にでもスケジュールに組み込んでしまうのです。

「自分のために丸1日も使えない」という場合は、**週に1時間でも2時間でもいいので、心身をリラックスさせる時間を設けてください。**

◎「ネット断食」のすすめ！

「ネット断食」ってご存知ですか？「デジタル・デトックス」ともいわれています。断食といっても、食事の話ではなく、ネット環境から一定の期間遠ざかることをいいます。

スマホ、タブレット、パソコンは私たちの生活に欠かせないものになっています。常に

SNSで人とつながっていないと不安になるという「ネット依存症」の人も増えているようです。みなさんの中にも、1日中スマホを手放せないという人がいるかもしれません。

でも、ネット漬けというのは脳にも精神にもストレスを与えるものです。ある調査会社のリサーチでは、20代の4割、30代の3割が「SNSを休む時間がほしい」と思っており、若い世代を中心に「SNS疲れ」が広がりつつあるということです。

だからこそ**意識して、ネットを一切忘れる「ネット断食」することが大事**です。

週末にはネットから離れて、気分転換をしましょう。日常と違うスペースに身を置いてみると、ストレスが解消されるだけでなく、新しいアイデアが思い浮かんだり、悩みが軽くなることもあります。

「スマホやパソコンから離れるのが不安」という人もいるかもしれませんが、思い切って距離を置くことでリフレッシュでき、仕事に対してもいい影響が生まれます。ワーキングママも、週末はパソコンを開かないことで、子どもとスキンシップする時間が多く取れるのではないでしょうか。

ネットで連絡が取れなくなると、友達や仕事の関係者が心配する……というのであれば、事前にネットから離れることを伝えるといいですね。

ゆかりんビューティートーク

15

私のストレス解消法

私もふと気づくと、「最近、仕事しかしてない！」と思う時があります。仕事ばっかりして、息抜きを全然していないんです。

そういう時はあえて日常から離れる努力をします。でもフラリと旅に出るわけにもいかないので、研修などを利用します。私の場合、東京など沖縄以外の遠方での研修が多いので、いい息抜きになります。東京は息子もいるし、友達も多く住んでいるので、会っておしゃべりするだけでもストレス解消になります。

そういう時は意識してネット断食をします。まわりに「緊急の時だけ連絡してね」と伝えておいて、丸1日ネットから遠ざかります。

夜は一人の空間で読書をしたり、瞑想をしたり。そうやって仕事や日常のあれこれから離れてみると、気になっていた問題の解決法がふっと浮かぶこともあるから不思議です。

◎鏡や自撮りで常に「笑顔」をチェックしよう！

ふと鏡に映った自分の顔を見てギョッとすることはありませんか？

私はあります（笑）。窓に映った、しかめっ面の疲れた顔をしている自分にあ然！　ということが何度も……。

ラジオに出演したり、ライオンズクラブなど、多くの方々の前で話をする機会も多いのに、「これではだめだなぁ」と痛感しました。みなさんに愛と元気を届けたいと思っても、私自身に笑顔がなかったら何も伝わりません。

中高年になると、仕事面でも家庭でも多くの責任を背負っていますから、ついつい考えごとが多くなって、その結果、無表情になってしまったり、眉間にしわの寄ったしかめっ面になってしまったりということになりがちです。

私は毎週10代、20代の女の子たちとラジオ番組を制作していますが、そこで感じることは、彼女たちはじつに屈託なく笑うんです。その笑顔がまたステキで、ニコニコ、キラキラ輝いています。

やはり**女性は笑顔が大事**です。笑顔はストレスを解消したり、免疫力をアップさせる働きもあります。何より**笑顔は人をしあわせにします**よね。

笑顔を忘れないためには常に自己チェックをすることが大事です。自分のデスクやいつも目につくところには鏡を置きましょう。そして鏡の自分にニコッと笑いかけましょう。

また仕事で人に会う前には、手鏡で笑顔をチェックするといいですね。鏡を見て、自分の顔色、目の輝き、肌の状態、くちびるの色、髪のまとまり具合を見てください。体調や心の状態も、鏡は正直に映し出します。

とはいえ、私もごく最近までコンパクトさえ持ち歩くこともなく、毎朝晩、スキンケアする時も、鏡を覗きこむこともありませんでした。

そんな私が、最近重宝しているのがスマホのインカメ（自撮り）です。**自撮り写真を撮ってみると自分を客観的に評価できます。**

最近は、いろいろなアプリがあって自撮りもすごくキレイに撮れるし、デコレーションを楽しめるので、そういうもので遊んでみてもいいかもしれません。

また写真を撮るだけでなく、鏡代わりに化粧直しや、表情が疲れていないかのチェックもできます。いろんな角度から自分の顔が見られるので便利です。

ぜひ、**鏡をあなたの美と健康の味方**にしてくださいね。

おわりに

あなたらしく輝くために

日本は、高齢者率（65歳以上の高齢者が人口に占める割合）は世界一で、長寿国としてもトップランクです。

これからの高齢化社会を生きる私たちは、健康で長く社会に役立てる努力をしていかなければいけないと思います。

人生とは、「夢に始まり夢に終わる」と言っても過言ではありません。

いくつになっても「未来の自分がどうありたいか」を描き、それに向かって「今すべきこと」を計画的に実行していくべきではないでしょうか。

私も日々の仕事に加え、ラジオやボランティア、母の介助など、やるべきことをいくつも抱えていますが、将来の夢の実現に向け、計画的に進めています。ちょうどテーマパークでそれぞれのアトラクションが回っている感じです。どのアトラクションもしっかり機能してお客さんを楽しませている、そのマネジメントが必要です。

本書も最後なので私の夢の話をさせてください。

まず一番大きな夢は、「沖縄から日本を再建したい」ということ。

なぜなら、皇室の祖先は沖縄であったともいわれていて、古代日本の原点でもあります。沖縄と日本は古くからつながっていたということは事実であり、沖縄を守ることは日本の国全体を守ることでもあるからです。

バブルは弾けたけれど、日本にもう一度、経済でも外交でも世界をリードする国になってほしいんです。それを沖縄の地から発信していきたいと私は願っています。

具体的には、沖縄を「海洋宇宙空港都市」にしたいというものがあります。沖縄に宇宙テーマパークを作って、海のリゾートも合わせた複合リゾート施設構想です。

日本がさらなる発展をするためには、本格的に宇宙産業に参入していくべきです。

世界では民間宇宙産業が活性化していて、民間人が宇宙旅行に行ける商業宇宙旅行も開発中です。

宇宙旅行のためには宇宙空港が必要で、旅客は事前に訓練しないといけないから、そのための訓練施設も必要です。そうなると研究者が集まりますし、研究所や学校もできて偏差値も上がり、地域の学力も伸びるでしょう。

教育水準も上がり、経済も活性化します。雇用が増え、年収も上がるでしょう。

宇宙産業の話をすると、壮大過ぎてなにやら実現性が薄いと思われてしまうのですが、世界ではすでに着々と進められています。

イギリスでは２０１８年には、商業運行を目指す初の宇宙空港が開港する予定ですが、それによって毎年１１３億ポンドの経済効果と、３万から５万人の雇用が生まれるといわれています。

それから中国も２０１７年末、杭州に巨大宇宙テーマパークができる予定です。１５０億円の予算で建設され、21㎞上空で高高度バルーンによって宇宙旅行気分が味わえるディープスペースツアーを計画しています。

そしてもちろん宇宙産業においても大国はアメリカです。私も先だってケネディ宇宙センターに見学に行ってきました。

ロシアも宇宙開発においては、世界をリードしてきた歴史があります。最近ではインドも頑張っています。

日本も世界に負けていられません。

宇宙空港を造るには、そのまわりに何もないことが条件です。海に囲まれた沖縄は条件が整っていて、既存の基地や空港をスペースポートに昇格すればよいので、費用や時間も節約できます。空軍基地もあるので、リンクして有人ロケット発射台を造ることも可能です。

もし将来的に米軍基地が撤退ということになった時も、宇宙空港を擁する都市になっていれば防衛面も保全されます。

そして、離発着場所が同じ「弾道飛行」から発着点と着地点が異なる「二地点間飛行」へと発展していけば、短時間長距離移動が可能になり、交通革命が起きます。

現在は、飛行機で東京~ロサンゼルス間が12時間以上かかりますが、サブ・オービタル飛行の二地点間飛行でマッハ10~15に達する宇宙機だと、1時間半で移動が可能になります。そうした交通革命によって、沖縄が世界的リゾート地になる可能性が高くなります。

現在、沖縄はアジア向けの国際宅急便の拠点になっていますが、これが地球規模で、日本の良いものを世界に届ける宇宙輸送が実現します。日本がさらなる発展をするためには、本格的に宇宙産業に参入していくべきです。

日本や沖縄の抱えるいろんな問題が宇宙産業によって解決に向かいます。でもこういうことは政治の主導が必要です。私も今後は政治にも参画してお手伝いしたいという気持ちがあります。ちゃんと言論人として論理的に討論できるように、計画を立てて勉強もしています。

沖縄が海洋宇宙空港都市として発展し、沖縄の地から有人の宇宙ロケットを飛ばし、日本の宇宙時代を拓く。そこまで行ったら自分の人生のミッションをクリアして、ゴールを迎えられると思います。

このような大きな夢を抱きつつ、みなさんの美と健康をクリエイトし、ハッピーライフのお手伝いを続けていきたいと思います。

永遠の美を目指して

美とは創造するもの。

年を重ねてきたからこそ、自らの人生経験と持ち味を練りこみ、付加価値を高め、美の達人になれる可能性があるように思います。

極端な若作りや、痛々しい派手さというものではなく、知恵による洗練された美を表現できるのが大人の女性です。

それは、「人生の余裕が生まれる中年以降から嗜むことができる美学」、といってもいいかもしれません。メイクやファッションに限らず、精神的な面でも大人の力量とオーラの量で、若い人に勝る美を醸し出せます。美しく魅せるというのは、工夫と努力精進が必要で、無限の可能性があります。

美しく装うというのは、自分という与えられた素材を生かし、大切にすることでもあります。自分自身のためでもありながらまわりを輝かせ、潤し、癒すことができ、他の人のためにもなるのです。

美を捧げるということは、女性としての徳でもあり、愛の行為です。なぜなら、神様は男性と女性を分けて創られ、愛を具現化し、美を表現する喜びを女性に与えてくださったのではないかと思うのです。

そうであるならば、美はなんと神秘的なものでしょう。そういうことから、美は完成されることはありません。一生を通じて、永遠なる美を目指していきたいものです。

こうして夢を持って働けるのも、主人である開邦クリニック上原正照院長と、明るくさわやかに輝いているスタッフのおかげです。

＊　＊　＊

そして、ＦＭ21、ＦＭレキオ、ＲＭもとぶの石川丈浩会長とスタッフの皆様、一緒に番組を制作しているシーサー男子、シーサー女子のみなさん、準レギュラーの金城竜郎さん、下地玲子さんありがとうございました。それから、現代書林とのご縁にも感謝申し上げます。

本書の制作に際し、ビューティケアリストの喜久川由美さん、カメラマンの東さん、沖縄創寫館《そうしゃかん》の皆さん、ご協力ありがとうございました。

みなさんのハッピーでビューティフルな人生を願って。

最後までお読みいただき、ありがとうございました。

上原由佳利

監修　開邦クリニック院長　上原正照

参考文献

『40代からの太らない体のつくり方』満尾 正 著／三笠書房

『アンチエイジングのすすめ』米井嘉一 著／新潮社

『100歳までボケない101の方法―脳とこころのアンチエイジング』
白澤卓二 著／文藝春秋

『"筋力アップ"で健康 今からでもできる！「動けるカラダ」づくり』
石井直方 監修／NHK出版

『健康ダイエット 肥満が招く11の病を防ぐ』宮崎 滋 監修／NHK出版

『来週、宇宙に行ってきます』大貫美鈴 著／春日出版

40歳《よんじゅっさい》からの美人《びじん》メソッド

2018年 2月15日 初版第1刷

著　者 ―――― 上原由佳利《うえはらゆかり》
発行者 ―――― 坂本桂一
発行所 ―――― 現代書林
〒162-0053 東京都新宿区原町3-61 桂ビル
TEL／代表 03(3205)8384
振替00140-7-42905
http://www.gendaishorin.co.jp/

ブックデザイン＋DTP ―――― 吉崎広明（ベルソグラフィック）
本文イラスト ―――― にしだきょうこ（ベルソグラフィック）
編集協力 ―――― 高橋扶美／堺 ひろみ

印刷・製本 ㈱シナノパブリッシングプレス
乱丁・落丁本はお取り替えいたします

定価はカバーに
表示してあります。

ISBN978-4-7745-1687-5 C0077